W0382928

Liebe Leserin, lieber Leser,

Oberbayern prägt das Deutschlandbild ganzer Völker. Der Dreiklang von landschaftlichem Reiz, wirtschaftlichem Erfolg und optimistischer Heimatverbundenheit tönt hier laut und harmonisch. Die einen bewundern das, anderen fällt es auf die Nerven.

Wer Oberbayern beschreiben will, braucht Nähe und Distanz gleichermaßen. Deshalb haben an diesem Heft Bayern und Berliner, Hanseaten und Rheinländer mitgearbeitet. Autoren und Fotografen, die Oberbayern schon immer liebten, und andere, die mit gemischten Gefühlen hinfuhren und (fast immer) milder gestimmt zurückkehrten.

An Klischees kommt in Oberbayern niemand vorbei, und manche sind so illuster, dass es sogar schade wäre, sie zu meiden. Allen voran Ludwig II. Superstar, der jetzt täglich ins Wasser geht, außerdem die Kirchen des Barock und Rokoko, deren Stuckdekorationen als Werk des Wessobrunner Handwerkerclans zu Weltruhm gelangt sind.

Kloster am See und weiß-blauer Himmel: Stift Höglwörth

Wir zeigen Ihnen aber auch das Oberbayern jenseits der Bildbände. Erzählen von der Kleinstadt Eichstätt, in der die katholische Kirche in moderne Architektur investiert, von den Weltraumforschern in Oberpfaffenhofen und den Nonnen auf Frauenchiemsee, die sich sponsern lassen und ihr Kloster vermieten. Und von einer alten Autowerkstatt in Wilzhofen bei Weilheim, in der ein paar Dutzend Jugendliche mit so viel Energie komponieren, mischen und dubben, dass für Fans elektronischer Musik Weilheim in einer Reihe steht mit Berlin, Hamburg und München.

Ein Münchner schließlich, Joseph von Westphalen, erstellte für MERIAN eine Charakterstudie dieses Regierungsbezirks, dessen Grenzen trotz aller Berühmtheit meistens nicht mal seine Bewohner kennen. Seinem Resümee können wir uns nur anschließen. Wie Oberbayern ist, lässt sich schlicht in zwei Worte fassen: Schon schön.

Viel Spaß bei der Lektüre wünscht Ihnen

HOLGER SCHNITGERHANS

BRAND FACTORY
Prospektservice: Telefon 02 21/8 26 33 19

INHALT OBERBAYERN

MERIAN SERVICE

Text: Rudi Stallein, Kay Szantyr, Kirsten Beck

Die Koordinaten hinter den **MERIAN**-Adressen verweisen auf die Planquadrate der großen **MERIAN**-Kart

106 So lässig wie erfolgreich: die Brüder Acher, Stars aus Weilheim

Titel: Frieder Blickle fotografierte Mittenwalder Kirche und Karwendelgebirge

Klangkunst in Oberbayern ist vielseitig. Jazzgrößen spielen in der Kleinstadt, Grundschüler gehen auf Welttournee, und Peitschenhiebe werden zum Sport

Schall und Stimme

Echo am See

Steile Felswände am Ufer lassen auf dem Königssee Deutschlands stärkstes Echo widerhallen. Pistolenschüsse werden bis zu sieben Mal wiederholt, und wenn der Bläser auf dem See ins Horn stößt, wirft die Brentenwand die Melodie bis zu drei Mal zurück. Von 8 Uhr an starten Elektroboote, im Sommer gibt es abends regelmäßig Bläserkonzerte. Auskunft bei der Schifffahrt Königssee, Seestraße 55, Schönau, Tel. (086 52) 963 60 **M6**

Tölzer Klänge

Das Kapital des Tölzer Knabenchors sind die hellen Stimmen seiner Sänger. 140 Jungen tragen Volkslieder oder Händels „Messias" vor. Bis zum Stimmbruch. Wer will, geht danach in die „Mutantenklasse" und anschließend in den Männerchor. Nur noch jeder fünfte Sänger im Knabenchor stammt aus Bad Tölz und Umgebung, 80 Prozent werden an Münchens Grundschulen rekrutiert. Einmal im Monat treten die Knaben im Tölzer Kurhaus auf. Termine teilt die Touristeninformation Bad Tölz mit: Ludwigstr. 11, Tel. (080 41) 786 70 **E5**

Ein Fest für den Jazz

In der oberbayerischen Provinz treffen sich alljährlich die Größen des Jazz. Burghausens Internationale Jazzwoche im April hat sich in den mehr als 30 Jahren ihres Bestehens zu einem Festival von hervorragendem Ruf gemausert. Auf der Gästeliste stehen Stars wie Ray Brown (Foto), Dee Dee Bridgewater, Ella Fitzgerald oder Miriam Makeba. Dass Musiker solchen Formats der Stadt die Ehre geben, liegt auch am Engagement der Veranstalter – sie mussten dem einen oder anderen Musiker schon mal durch kilometerlange Umwege im Auto Burghausen als Großstadt verkaufen. Dabei ist es gerade die intime Atmosphäre, etwa im Keller des Mautner-Schlosses, die den Konzerten eine besondere Note gibt. IG Jazz Burghausen, Stadtplatz 110, Tel. (086 77) 14 11 **L2**

Taktvoll peitschen

Mit Peitschenhieben trieben die Goaßlschnalzer früher den Winter aus. Heute knallen sie nur zum Spaß um die Wette. Es siegt die Gruppe, deren Peitschen am schnellsten in harmonischem Rhythmus schnalzen. Höhepunkt der Wettkämpfe ist das Rupertigau-Preisschnalzen am Fastnachtssonntag. Auskunft: Verkehrsamt Freilassing, Telefon (086 54) 23 12 **M4**

Fernweh.
Heimweh.
D2_Roaming
Zu Hause sein, auch wenn man nicht zu Hause ist. Mit D2-Roaming auf allen Kontinenten und in 90 Ländern der Welt mobil telefonieren – damit Ihnen das Heimweh kein Bauchweh bereitet.
D2 mannesmann
D2_live dabei
www.d2mannesmann.de
cayenne·cdp

Schönes von Hand

Hier wird Tradition groß geschrieben: kurze Hosen für Männer, haarige Trophäen, ein Horn für die Tasche und feine Klänge aus Mittenwald

Leder fürs Leben

Früher war die Lederhose Arbeitskleidung, heute gehört sie zum Sonntagsstaat. Egal ob die „Kurze" oder die Bundhose aus Hirschhaut – in Oberbayern ist Leder seit Jahrhunderten Mode, oft ergänzt durch verzierte Wadenstutzen. Lederhosen gibt es in allen Variationen und Preisklassen, je nach Material und „Auszier", den Verzierungen der Hose. Echte „Irschene" von Hand zum Beispiel bei Franz Stangassinger in Berchtesgaden, Marktplatz 10, Tel. (086 52) 26 85 **M 5/6**. Dirndl nach Maß schneidert u.a. Christine Falken in Schliersee, Miesbacherstr. 18 a, Tel. (080 26) 44 68 **G 5**

Haarbüschel als Hutschmuck

Ein üppig wippender Gamsbart ist kostbares Detail der traditionellen Männertracht. Jäger waren die ersten, die die langen Rückenhaare von erlegten Gamsböcken zu Büscheln banden und sich als Trophäen an den Hut steckten. Heute gilt: je mehr Haar, desto besser und teurer. Bis zu 10 000 Mark kostet die Pracht, je nach Fülle, Länge und Farbe. Gamsbärte bindet Toni Brandner in Berchtesgaden, Höllgrabenweg 1, Telefon (086 52) 12 91 **M 5/6**

Alphorn im Bausatz

Ein vier Meter langes Alphorn auf den Berg zu tragen, ist Quälerei. Deshalb zersägte Hans Thaler aus Bayrischzell sein Horn in acht Teile, die er am Ziel wieder zusammenschraubte. Sein Rucksack-Alphorn ließ er sich als Weltneuheit patentieren. Einziger Nachteil: Im Klang passt es nicht zu den anderen Hörnern in Thalers Bläsergruppe – und bleibt daher ungespielt

Kostbare Saiten

In Mittenwald hängt der Himmel voller Geigen. Acht Geigenbaubetriebe zählt das kleine Dorf, in das anno 1684 der Amati- und Stradivari-Schüler Matthias Klotz den Instrumentenbau brachte. Seitdem gehört das Kunsthandwerk zum Ortsbild, etwa wenn die Klangkörper zum Bräunen auf der Veranda von Deutschlands einziger Geigenbauschule hängen. 40 Schüler lernen dort in dreieinhalb Jahren das seltene Handwerk. Ihr Können zeigen Exponate in der Werkstatt des Geigenbaumuseums, in dem außerdem mehr als 200 Streich- und Zupfinstrumente aus aller Welt anzuschauen sind. Museum: Ballenhausgasse 3, Tel. (088 23) 25 11, Jan.-Okt. Mo-Fr 10-12, 14-17, Sa-So 10-12 Uhr **D 7**

Bagger fahren, Marmor schleifen oder den anderen gekonnt über den Tisch ziehen, alles letztlich eine Frage von Übung und Geschicklichkeit

Finessen der Technik

Wasser marsch!

Der Ingenieur Oskar von Miller war seiner Zeit voraus. Das von ihm konstruierte Walchensee-Kraftwerk produziert bereits seit 1924 umweltfreundlichen Strom. In sechs gewaltigen Röhren schießt das Wasser des Walchensees 200 Meter in die Tiefe und treibt acht riesige Turbinen an – zu besichtigen im Krafthaus am Kochelsee (nach Terminabsprache) und gut erklärt im dazugehörigen Informationszentrum, täglich 9-17 Uhr, Altjoch 21, Kochel am See, Tel. (088 51) 772 11 **D 6**

Fingerfertig

Kraft und Ausdauer entscheiden den Wettkampf am Tisch. 500 aktive bayerische Fingerhakler messen ihre Kräfte in regelmäßigen Meisterschaften. Sieger ist, wer den Gegner über den Tisch zieht, Abstützen mit Hand und Knie ist erlaubt. Turnier-Auskünfte unter Tel. (080 42) 38 06

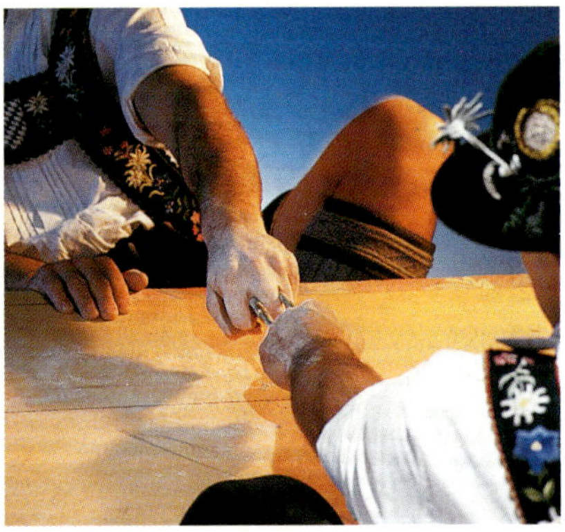

Von Klotz zu Klicker

Grobe Marmorklötze werden zu Murmeln, Schussern, Marmeln oder Klickern. So heißen die Steinkugeln, die in Deutschlands letzter Kugelmühle geschliffen werden. Seit 1683 treibt der Almbach bei Marktschellenberg die Schleifscheiben an, die früher bis zu 100 000 Murmeln im Jahr produzierten. Heute sind es nur noch 50 bis 60 Murmeln pro Woche, je nach Nachfrage der Besucher. Geöffnet April-Oktober, Kontakt: Gasthaus zur Kugelmühle, An der Almbachklamm, Marktschellenberg, Tel. (086 50) 461 **M 5**

Baggern für Laien

Sandkastenspiele im ganz großen Stil bietet Franz Käsberger in seiner Kiesgrube. Wer schon als Kind vom eigenen Schaufelbagger träumte, kommt hier endlich auf seine Kosten. In Käsbergers „Bagger-Oase" darf jeder Laie nach kurzer Einweisung mit Schubraupe, Radlader oder Minibagger ungestört im Sand buddeln. Größtes Spielzeug in Käsbergers Maschinenpark ist ein 24-Tonnen-Kettenbagger, um den sich Besucher aus ganz Deutschland reißen, übrigens genauso viele Frauen wie Männer. Nach der ersten Schaufelstunde gibt's ein Baggerfahrerdiplom als Erinnerung. 180 DM kostet der Spaß pro Stunde, nur nach Voranmeldung: Bagger-Oase, Franz Käsberger, Rückl 102, Taufkirchen, Tel. (086 38) 79 58, Fax 737 77 **I 2**

Luxus leihweise

Autoliebhaber Ernst Freiberger macht Automobilgeschichte in seinem Museum erfahrbar. Mehr als 200 Modelle können bestaunt und teils für Ausflüge gemietet werden (ab 2000 DM). Museum für Automobilgeschichte, Wasserburger Str. 38, Amerang, Tel. (080 75) 8141, März-Okt. Di-So 10-18 Uhr, Touren nach Absprache **I 3**

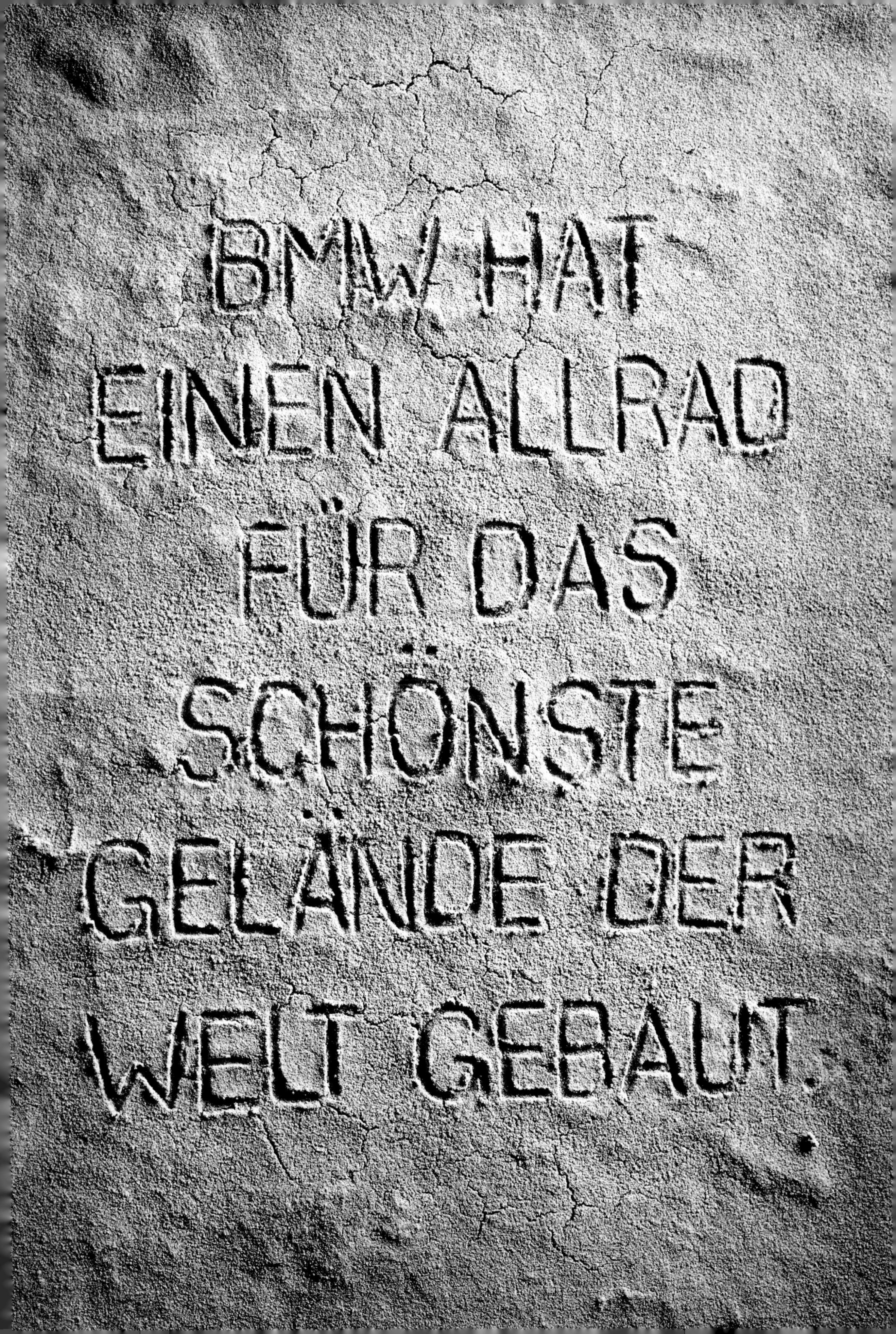
BMW HAT
EINEN ALLRAD
FÜR DAS
SCHÖNSTE
GELÄNDE DER
WELT GEBAUT.

M LN 2175
Die Straße.
Feldwege, Bergpfade, Schotterpisten – so sieht das erfüllte Leben eines Geländewagens aus. Doch der Weg dorthin führt gemeinhin über Asphalt. Deshalb hat BMW ein völlig neues Automobilkonzept geschaffen, das geländegängigen Allrader und Sportlimousine in sich vereint: den BMW X5. Leider lässt er sich auf der Straße derart angenehm lenken, dass so mancher Fahrer wenig Lust verspüren wird, sie zu verlassen.
Schade eigentlich.

BMW X5
3.0i 170 kW (231 PS)
4.4i 210 kW (286 PS)
www.bmw.de
0180 2000220
(12 Pf/Anruf)
Freude am Fahren
Ungewöhnliche Kraftübertragung. Der BMW X5 hat einen besonderen Allradantrieb: Er verteilt den mächtigen Schub seines Triebwerks nicht wie üblich auf alle Räder gleich, sondern leitet 62 % auf die Hinterachse und 38 % nach vorne. So können sich die Vorderräder besser um exaktes Lenken kümmern. Auch sein Fahrwerk ist einzigartig: Jedes Rad federt durch mehrere Gelenke nicht nur auf und ab, sondern auch stoßmindernd vor und zurück. Und hält damit ständig Kontakt zur Straße – oder worauf Sie sonst gerade fahren.
Sicherer Hochsitz. Egal, ob auf rutschigem Untergrund, beim Bremsen in Kurven oder bei starkem Gefälle – eine Vielzahl vernetzter elektronischer Systeme gibt dem Fahrer überall volle Kontrolle über das Auto. Der kann es sich währenddessen auf angenehm hohem Niveau bequem machen. Und ist dabei nicht nur von feinem Leder und edlem Wurzelholz umgeben, sondern auch von bis zu acht Airbags und einer Karosserie mit der besten Crashsicherheit, die ein geländegängiges Auto je hatte. Doch die muskulöse Silhouette des BMW X5 schützt nicht nur, sie ist dem Gelände auch angemessen: schön.

Abseits der Touristenherden trifft der Blick nahezu frei auf die Ramsauer Kirche

Das ist Oberbayern: Berge, Barockkirchen, Brezen, Lederhosen, saftige Almen und gemütliche Gasthöfe, stille Seen und schnelle Ski-Pisten – ein Reigen an Wunderschönheiten. Kein Wunder, dass die umliegenden Regionen auf den geballten Charme ein wenig neidisch sind

der

Ein Land für alle Spielarten Seligkeit

Text: Joseph von Westphalen, Fotos: Tina Hager

Ludwigs Verschwendung zahlt sich aus. Schloss Linderhof ist nur ein Beispiel

„Bayerisches Meer“ wird der Chiemsee genannt. Tonart einer Region, die alles andere reichlich hat

Ein Leben auf der Höhe. Vor 20 Jahren zog Marianne Schmuck auf die Brindalm

Den Oberbayern gibt es nicht – jedenfalls nicht so, wie es in der bunten Welt der Vorurteile und Klischees den begriffsstutzigen Ostfriesen, den arroganten Hanseaten, den frechen Berliner oder den pedantischen Preußen als Typus gibt.
Natürlich gibt es den Bayern. Die angeblichen Eigenarten des, oder – um den simplifizierenden Singular zu verlassen – die Eigenarten der Bayern füllen ganze Bibliotheken. Touristen werden instruiert. Vorsicht: Die Bayern können den Fremden anfangs reserviert bis grimmig, gelegentlich sogar grantig gegenübertreten, um dann aber doch bald herzlich zu werden.

Oberbayern ist zwar ein klar definiertes Gebiet innerhalb Bayerns, aber es scheint kein spezielles oberbayerisches Identitätsgefühl zu geben. Es gibt keine Witze, keine Legenden speziell über die Oberbayern, was daran liegt, dass man dann, wenn man vom Land Bayern und von den Bayern als Menschenschlag spricht, ohnehin meistens Oberbayern meint – also die Gegend um und vor allem südlich von München, die Seen, das Voralpenland, die Berge. Dass auch das Allgäu und Franken, die Oberpfalz und Niederbayern zu Bayern gehören, realisieren nur diejenigen, die ihre Reiseführer gründlich studiert haben.

Die Oberbayern werden außerhalb des Freistaats für die Paradebayern gehalten, für die eigentlichen und echten Bayern – und so fühlen sie sich auch. Oberbayern ist quasi die Exportversion von Bayern.

Vor Ort erscheinen Klischees in anderem Licht. Wie die Ramsauer Kirche bei Nacht

Eine Küche wie das Land: lustvoll alles genießen, ohne jede Angst vor mehr Gewicht

Oberammergau lebt durch Kitsch und Kunst. Schnitzereien in Ludwig Thomas Geburtshaus

Abends in Ambach am Starnberger See zeigt Oberbayern seine sanfte Seite

Im Ausland, vor allem in Nord- und Südamerika, so wird gesagt, gelten als typisch bayerisch: Wadlstrümpfe zur kurzen Lederhose, lustiges Schuhplattler-Tanzen, für den Almauf- oder -abtrieb geschmückte Rinder und fröhliches Jodeln. Und Löwenbräubier. Und BMWs.

BMWs werden zum Teil an einem Ort namens Dingolfing gefertigt, eine Stunde nordöstlich von München. Nur geographisch gut informierte Bayern und die Dingolfinger selbst wissen, ob dieser Ort noch zu Oberbayern oder schon zu Niederbayern gehört.

Nur auf Behörden oder in den Randgebieten weiß man, wo genau Oberbayern zu Ende geht. In den Landstrichen der unsichtbaren Grenzen von Oberbayern zu seinen Nachbarbezirken mag es Spielarten von Regionalstolz geben: Dingolfing. Ich muss doch bitten, das ist Niederbayern! Altötting, von wegen, das ist Oberbayern. Neuschwanstein, Lieblingssitz Ludwig des Zweiten, des Dream King, Swan King oder Mad King, wie ihn die Amerikaner zärtlich nennen, liegt im Allgäu, die Türme des Märchenschlosses ragen also zur Überraschung vieler nicht in den oberbayerischen, sondern in den bayerisch-schwäbischen Himmel, der nicht ganz so klassisch weißblau ist.

Der Regierungsbezirk Oberbayern ist relativ groß – er reicht im Nordwesten von Ingolstadt und Eichstätt bis nach Berchtesgaden im Südosten – angeblich ist er größer als das ganze Schleswig-Holstein. Vielleicht stimmt das sogar. Diese schiere Größe ist mit ein Grund dafür, warum sich in der Hierarchie der Untertanengefühle

Ausflugsroutine: Dampferfahrt auf dem Chiemsee

neben dem freistaatlich-bayerischen Nationalgefühl nicht auch noch ein oberbayerisches Regionalgefühl ausgebildet hat.

Franken, Oberpfälzer, Allgäuer, bayerische Schwaben und Niederbayern brauchen ein Regionalgefühl. Da sie nicht für echte Bayern gehalten werden, pochen sie trotzig und nicht ohne Stolz darauf, echte Niederbayern, echte Mittelfranken, echte Allgäuer, echte oberpfälzische Kartoffelköpfe zu sein.

Die Oberbayern ignorieren stattdessen ihr Oberbayerntum und ordnen sich lieber dem engeren Gebiet ihrer Herkunft zu. Wer in Seebruck am Chiemsee lebt, bezeichnet sich als Chiemgauer. Man stammt aus Dießen am Ammersee, aus dem Berchtesgadener Land, aus Wolfratshausen im Isartal, aus Murnau am Staffelsee, aus der Gegend von Bad Tölz oder Miesbach.

Bloß ahnungslose Touristen berichten, sie seien in Bayern gewesen. Nur Halbgebildete sprechen von Oberbayern. Berliner der Vorkriegszeit machten sich ausdrücklich nach Oberbayern in den Urlaub auf, jedenfalls wenn man einem üblen Film aus den 30er Jahren trauen kann, der sich „IA in Oberbayern“ nennt (IA war das Autokennzeichen Berlins). Kein Reisender aus dem Rheinland oder aus Niedersachsen wird Orte wie Isny oder Burglengenfeld kennen. Ein von dort aus dem Urlaub heimgekehrter Rheinländer oder Niedersachse wird also ver-

Weißbier für die Gebirgsjäger, in Wallgau jeden Sonntag um zehn

Wegweisende Arbeit in Oberammergau. Der Ort zeigt gerne, was er zu bieten hat

Almabtrieb, kein leichter Gang für manche Kuh

Schön ist, was üppig ist. Blumenpflege in Kreuth

Nach der Messe in Wallgau. Hannes und Christoph im Sonntagsstaat

mutlich nicht sagen, dass er in einer reizenden Pension bei Isny oder Burglengenfeld preiswert Urlaub machte, was irgendwie hinterwäldlerisch klingt. Er wird sagen: Ich war im Allgäu oder in der Oberpfalz. Mal was anderes. Muss ja nicht immer Österreich oder Italien sein. Wer aber nach Oberbayern fährt, wird den präzisen Ort nennen, weil das besser klingt: Ich war in Ruhpolding – traumhaft. Ich war am Walchensee, ganz recht, den Lovis Corinth immer wieder gemalt hat – ein Paradies.

Oberbayern besteht aus vielen, aneinander gereihten bildhübschen Flecken. Das hat diesen Teil Bayerns reich und berühmt gemacht. Es geht die Rede, von hier aus werde auf die von der Natur aus weniger privilegierten Flecken Bayerns herabgesehen. Das täuscht. Natürlich gibt es viel derbe Worte unter den bayerischen Bezirken, aber das sind keine wirklichen Animositäten. Der Spott ist nicht einseitig, er fliegt hin und her. Denn auch wer den Nutzen hat, muss Spott fürchten.

Ganz oben in Deutschland, Ziel von Millionen. Wanderer auf dem Gipfel der Zugspitze

Die Touristenströme, die sich ins Tegernseer Tal, ins Berchtesgadener Land und in hunderte andere oberbayerische Ferienziele ergießen, braucht man an weniger prominenten Orten Bayerns nicht zu verdauen. Ein Bauer aus dem idyllischen oberbayerischen Reit im Winkl oder aus Schliersee wird sich daher hüten, seine Schwester, die vielleicht ins hinterste Niederbayern geheiratet hat, damit aufzuziehen, dass sie nun schon seit zehn Jahren nicht mehr in der Landeshauptstadt war und ihr Schwiegervater überhaupt noch nie in seinem 90-jährigen Leben. Der Bruder aus Reit im Winkl weiß, was er zu hören bekäme: Wenn wir so viel Amis, Preußen und Japaner wie ihr hätten, müssten wir uns auch öfter verziehen und nach München fahren.

Die Landbevölkerung ist immer und überall eher konservativ, sie hat Heimatgefühle und legt Wert darauf, echt und urig zu sein. In Bayern ist dieser Zug besonders stark ausgeprägt. Der Tourismus hat viele bekannte Gebiete Oberbayerns unecht gemacht. Die üblichen Akademiker, die in München ein paar Hunderttausend geerbt haben und am Wochenende ihre Ruhe haben wollen, meiden inzwischen oft Oberbayern. Sie kaufen sich Bauernhöfe in Niederbayern, wo es nicht so schön, aber dafür ruhiger und vor allem billiger ist und die Chancen gut stehen, dass sich die Hin- und Rückfahrten ohne Stau absolvieren lassen.

„Da möcht' ich nicht leben", verkündet der Vetter aus Dingsda, wenn er nach einem Besuch von Mittenwald ins heimatliche – sagen wir: Hof zurückkehrt. Ihm ist die herbe Öde Nordbayerns lieber als Loden und süßliche Schnitzkunst in jedem Schaufenster. Das ist natürlich blanke Kompensation. Denn die Vorzüge Oberbayerns sind nicht Geschmackssache, sondern ein objektiv belegbares Faktum.

Oberbayerische Bildmotive waren schon im vorigen Jahrhundert bei Landschaftsmalern sehr beliebt. Nicht nur in Münchens Museen, sondern auch in den Gemäldegalerien Hamburgs und Bremens, Leipzigs und Düsseldorfs hängen Dutzende malerischer Ansichten aus Oberbayern. Gerade Maler aus dem Norden zog es in diese Gegend. Sie reisten mit Pferdekutschen, deshalb müssen sie auch in der Oberpfalz, in Franken und in Niederbayern Station gemacht haben. Dort aber fühlte sich kaum jemand veranlasst, die Malsachen auszupacken. Erst im Angesicht der Berge wurden die Künstler aktiv.

Altes vom Land im Antikgeschäft bei Siegsdorf

Es gibt in der Geschichte der Kunst den Begriff der „idealen Landschaft": Claude Lorrain ist einer der Künstler, der sich diesem Bildtypus verschrieben hat. Auch viele holländische Maler haben lieber ideale oder wenigstens idealisierte Ansichten auf die Leinwand gebracht, als die flachen Wiesen und geraden Kanäle ihrer Heimat. Die ideale Landschaft ist eine ausgewogene Komposition aus einem See oder Fluss zwischen sanften Hügeln mit üppigem Baumbestand vor der Kulisse höherer Berge.

Aspekte einer idealen Landschaft begegnen einem an vielen Orten der Welt, in Oberbayern aber besonders häufig. Kein Wunder, dass die Maler den Pinsel zückten – wie heute die Touristen die Kamera. Am Tegernsee oder Ammersee fanden sie die Schönheit, die bisher nur in ihrer Fantasie existiert hatte.

Um das Paradiesische der Landschaften zu verdeutlichen, wurden im 17. und 18. Jahrhundert oft kleine biblische oder mythologische Figurengruppen ins Bild gesetzt, die sich unter mächtigen Eichen am Ufer tummeln. Im 19. Jahrhundert war man realistischer und malte ein paar Kühe, die am Seeufer tranken, begleitet von einigen bäuerlichen Gestalten, die in Wirklichkeit vielleicht nicht ganz so wohlgelaunt waren und beim Viehhüten auch nicht ihre Sonntagstracht trugen.

Oberbayern ist vielleicht doppelt oder dreifach attraktiver als seine bayerischen Bezirksgeschwister, aber gleich zehn oder zwanzig Mal populärer. So wie es im Bestand der Gemälde unverhältnismäßig viel mehr oberbayerische Bildmotive gibt, so gibt es auch ungleich mehr Publikationen. Wer einen touristischen Führer kaufen will, muss am Computer des Buchhändlers zwischen 130 verschiedenen Titeln wählen, die alle von der Schönheit Oberbayerns künden. Wer sich für Niederbayern interessiert, braucht sich nur zwischen einem knappen Dutzend zu entscheiden.

Doch weil der Mensch ein Herdentier ist und dem großen Strom folgt, bleiben Nischen unentdeckt: Orte, wo es schön und erschwinglich ist und echt und untouristisch. Solche idealen Orte verrät der Kenner nicht. Er würde erschossen werden wie früher ein Wilderer, und das zu Recht. Es gibt sie eine halbe Stunde von München entfernt oder auch weiter weg, hoch in den Bergen.

Es gibt Almwiesen, wo nichts zu hören ist als das ferne Läuten der Kuhglocken. Es gibt sonnige Schluchten, wo man in felsigen Wannen splitternackt baden, Pan spielen und Nymphen fangen kann. Es sind Dörfer mit alten, unrenovierten, schiefen und trotzdem wunderbar begehbaren Balkons, mit natürlichen Geranien und Phlox und Gartenkresse statt der Gen-Geranien aus dem Gartencenter.

Der Tourismus beeinträchtigt die Echtheit dieser Orte nur wenig, allenfalls dadurch, dass am Wochenende mal ein Radler mit einer affigen Sonnenbrille durchs Dorf fährt, an der Wirtschaft Halt macht, eine halbe Stunde lang mit seinem telekom-pinkfabenen Dress und seinem mintgrünen Mountainbike den Anblick des Biergartens stört, ehe er sich in seinen absurden Schlauchhosen auf seinen schmalen Sattel schwingt, lautlos von dannen fährt und das Dorf unbefleckt zurücklässt.

Fast überall in der Provinz, nicht nur in der deutschen, auch in der französischen und polnischen, in der belgischen und österreichischen, in der englischen und dänischen gibt es Ortschaften, die so desolat sind, dass einen schon beim Durchfahren die kalte Verzweiflung packt. Niedersachsen,

Eine Gegend, in der es aufwärts geht. Die Voralpen bei Bad Kohlgrub

Schöne Fassade: Lüftlmalerei in Oberammergau

das Saarland, Niederbayern und die Oberpfalz sind voll von solchen unguten Ansammlungen trostloser Häuser.

Die Anzahl der tristen Katastrophenkäffer liegt in Oberbayern weit unter dem mitteleuropäischen Durchschnitt. Zwar ist auch hier echte Schönheit selten geworden, aber man begegnet ihr immer noch weit häufiger als anderswo.

Es gibt so etwas wie eine oberbayerische Geborgenheit, und sie hat vor allem mit den Bergen zu tun. Die sind hoch genug, um eine Art Wand zu bilden, in deren Schutz sich der Voralpenländler behaglich wie an einem alten Haus niedergelassen hat. Die Berge sind massiv genug, aber nicht so hoch und bedrohlich wie in der Schweiz. Wer hinaufwill, muss keine extremen Strapazen auf sich nehmen. Man kann in den Bergen klettern, wandern, Skifahren oder sie auch nur als Kulisse für ein Erinnerungsfoto benutzen.

Weder die Zugspitze bei Garmisch noch der Watzmann bei Berchtesgaden ist 3000 Meter hoch, aber diese kleine nationale Erektionsschwäche ist verschmerzbar. Denn von den Gipfeln der schweizerischen, österreichischen und französischen Drei-, Vier- und fast Fünftausender aus ist nur ein Meer anderer Gipfel zu sehen, während der Wanderer in der oberbayerischen Bergwelt nie ganz von der Zivilisation abgeschnitten ist. Immer sieht er ins Tal, und auch diese Täler sind nicht eng und schattig, sondern von einer gewissen sonnigen Behaglichkeit, zumindest dann, wenn kein nicht enden wollender Regen einen tagelang an die Stube bindet.

Es gibt in Oberbayern Hotels, die den Stil alpenländischer Häuser grotesk nachahmen, was ein architektonisches Kapitalverbrechen ist, weil diese Form nicht beliebig zu vergrößern ist. Wer da blind gebucht hat, keine Depressionen bekommt und auch nicht vorzeitig abreist, mit dem kann etwas nicht stimmen.

Man kann aber auch Glück haben und für einen Spottpreis in einem alten Bauernhauses unterkommen. Bei dem Wort „Fremdenzimmer" wird einem zunächst vielleicht etwas bang, aber es ist nicht ausgeschlossen, dass das Fremdenzimmer sich als große nach altem Holz riechende Stube mit schönen Möbeln erweist, in der sich der Gast auch bei Regen wohl fühlt und in die er noch oft zurückkehren will.

Die oberbayerische Gemütlichkeit ist nicht jedermanns Sache – man kann sie auch als etwas Bedrängendes und Nötigendes empfinden, vor allem dann, wenn sie von der Aufforderung begleitet ist, sich mit immer weiteren Bieren immer weiter zuzuprosten. In solchen Momenten sehnt man sich ins herbere, kargere, ärmere, nicht so satt und selbstgefällige, ins unattraktivere wortlosere Niederbayern. Auch kann die im Schutz des Alpennordrands, der Hausdächer und Kachelöfen schwelende Gemütlichkeit schnell wie das Wetter in den Bergen in Ungemütlichkeit umschlagen.

Die meisten bayerischen Politiker, die gewählt, gewollt und trotz oder vielleicht wegen ihrer schamlosen Entgleisungen erschütternd beliebt sind, führen diesen Wandel eindrucksvoll vor, wenn sie aus dem Saufen, Schunkeln und Sinnieren heraus plötzlich scharf und aggressiv werden und die Fremden nicht in Fremdenzimmern untergebracht haben wollen, sondern da, wo sie herkommen. Doch da in der bayerischen Regierung auch Franken und Niederbayern mitmischen, die sich allesamt ähnlich verhalten, kann man wohl nicht von einer typisch oberbayerischen Ungemütlichkeit sprechen. Es scheint eher eine Eigenart des typischen gesamtbayerischen Erzreaktionärs zu sein.

Die Bayern prahlen gern mit ihren vielen Barockkirchen und, als würde der Kirchgang abfärben, mit ihrem barocken Wesen, das sie stolz als „prall" und „sinnenfreudig" beschreiben, als weltlich und fromm zugleich. Es mag sein, dass es hier tatsächlich eine spezifisch oberbayerische Ambivalenz gibt, eine Hassliebe auf den Tourismus nämlich, der einerseits Geld bringt, andererseits eine Verfälschung der geliebten Ursprünglichkeit.

Kann aber auch sein, dass das Schimpfen auf den Tourismus aus einer typisch katholischen Verlogenheit kommt und als Ausrede dient für den eigenen miserablen Geschmack und die Bequemlichkeit. Weil man zu geldgierig, zu faul, zu geizig und vom vielen Weißbiertrinken zu stumpf und einfallslos geworden ist, um sich eine passable Lösung für eine Vermehrung der Fremdenzimmer auszudenken, reißt man eine schöne alte Scheune ab, haut drei Eichen um, betoniert den Hof und schimpft dann auf die Preußen, die kommen und alles kaputt machen.

Auch das ist Oberbayern.

Natürlich ist Oberbayern weder durch seine willkommenen noch seine unwillkommenen Fremden kaputtzukriegen – vermutlich nicht mal durch seine Fremdenfeindlichkeit. Nicht durch seine Immobilienspekulanten und auch nicht durch seine Politiker oder seine Schützenvereine.

Oberbayern ist eine von der Natur mit gelungenen Formen versehene Schöne – die oft zickig ist und sich scheußlich anzieht. Doch bleibt ihre Anziehungskraft unübersehbar. Ein Ausspruch des Heimatdichters Ludwig Ganghofer über das Berchtesgadener Land wird gern zu PR-Zwecken für ganz Oberbayern verwendet: Wen Gott liebt, den lässt er fallen in dieses Land.

Diese Begünstigung fällt selbst dem blödgesoffensten Bierdeppen auf, wenn er sich spätabends vom Wirtshaus nach Hause schleppt, vorbei am Betonklotz der kleinen Sparkassenfiliale Richtung Ortsausgang. Der Mond geht über den Bergen auf und spiegelt sich im See. Da wird der Mann sentimental. Er bleibt stehen, schwankt und betrachtet den Mond. Die oberbayerische Hassliebe kreist kurz und ziellos in seinem Kopf herum, dann hat er sein Urteil gefunden. Es besteht aus zwei Worten: „Schon schön." Im Originaldialekt klingt es eher chinesisch: „Schoo schee."

Joseph von Westphalen *ist Schriftsteller und lebt in München. Bei Hoffmann und Campe erschien unter anderem seine „Duckwitz-Trilogie".*
Tina Hager *ist freie Fotografin und lebt in den USA.*

DIESER MAGISCHE NIL, DER WELT LÄNGSTER FLUSS, KÖNNTE DEN GANZEN WEG DIREKT IN IHR HERZ FLIESSEN

Wer hat noch nie davon geträumt, dem Alltag wie durch Zauberhand zu entfliehen, weit weg in ein mystisches Land voll unsagbarer Schätze und uralter Königreiche? Ein Traum, der für einige wenige wahr werden kann. Stellen Sie sich vor, Sie gleiten durch sanft schimmerndes Mondlicht, an Deck eines luxuriösen Kreuzfahrtschiffes. Versunken in den Anblick des gleichen atemberaubenden Sternenhimmels, den wohl jede Pharaonenbraut in ihrer Hochzeitsnacht befragt hat.

Sie genießen die klare Stille des frühen Morgens, wenn Segel setzende Felukken-Boote und palmenbewachsene Ufer in weiches, romantisches Licht getaucht sind. In solchen Momenten wird sich Ihnen die ganze Schönheit und Einzigartigkeit von siebentausend Jahren Geschichte offenbaren.

Sie erwarten bereits ungeduldig Ihren Ausflug ins Tal der Könige oder den Augenblick, in dem Sie endlich die Ehrfurcht gebietenden Säulen des Großen Tempels in Karnak berühren können. Und als Höhepunkt Ihrer Nil-Odyssee wären Sie unser

NILKREU

AFTIG UND VERRÜCKT ROMANTISCHEM.

Gast beim Kerzenschein-Dinner mit Ausblick auf die Großen Nubischen Seen und den gewaltigen Tempel von Abu Simbel. Und vielleicht würden Sie hier – so, wie es die junge Florence Nightingale in ihrem Tagebuch beschrieb – endgültig dem mächtigen Zauber des Nils erliegen.

Wäre das nicht eine Reise, von der Sie den Rest Ihres Lebens zehren könnten? Die perfekte Hochzeitsreise oder das ideale Ziel für die schon lang geplanten zweiten Flitterwochen?

Wir möchten Sie zu unserem siebten Millennium willkommen heißen in einem Land voller Romantik und Wunder. Sprechen Sie noch heute mit Ihrem Reisebüro über unsere Kreuzfahrt-Arrangements auf dem Nil - und fangen Sie an zu träumen... Nähere Informationen erhalten Sie beim Ägyptischen Fremdenverkehrsamt, Kaiserstraße 64 a, 60329 Frankfurt. **Tel: 069-252153 oder -252319.**

ÄGYPTEN. WILLKOMMEN ZU UNSEREM SIEBTEN MILLENNIUM.

In der Gewinn

Im malerischen Freising hat die von deutschen Politikern seit Jahrzehnten beschworene Zukunft begonnen. „Wir haben für jeden einen Job“, versichert Gundi Huber vom örtlichen Arbeitsamt jedem, der nachfragt.

Frau Huber beziffert die offizielle Arbeitslosenquote ihrer Stadt mit 3,3 Prozent – für Ökonomen niedrig genug, um von Vollbeschäftigung zu sprechen. Dennoch wird der Besucher in dem beschaulichen Ort vergeblich nach großen Fabrikhallen und Bürohochhäusern suchen. Freisings arbeitsfähige Bevölkerung findet ihre Beschäftigung im Umland: Oberbayern.

Die Region ist unter den sieben bayerischen Regierungsbezirken der wichtigste Generator wirtschaftlichen Mehrwerts geworden. „Oberbayern ist der Motor der bayerischen Entwicklung“, verkündete stolz im November vergangenen Jahres das Münchner Wirtschaftsministerium.

Die Leistungsdaten dieses wirtschaftlichen Antriebsaggregats sind tatsächlich beeindruckend: 1996 war die Wirtschaftskraft Oberbayerns (Bruttowertschöpfung pro Einwohner) mit 62604 Mark bei weitem die höchste in ganz Bayern. In Deutschland sind nur noch die Regionen Hamburg und Darmstadt wirtschaftlich leistungsfähiger. Wächst in Oberbayern die Beschäftigung um ein Prozent, so sind gleich 14800 Menschen in Brot und Arbeit – der gleiche Prozentpunkt bedeutet im Regierungsbezirk Oberpfalz dagegen nur ein Mehr von 3400 neuen Arbeitsplätzen.

Die Oberbayern erwirtschaften 43,4 Prozent der gesamten bayerischen Wertschöpfung. Ein solcher Motor verleiht dem Wirtschaftsgefährt Bayern doppelte Fähigkeiten – Beschleunigung eines Formel-1-Boliden und die Zugkraft eines Treckers.

Denn was die Automobilbauer in München und Ingolstadt, die Tüftler der High-Tech-Branchen und die übrigen Dienstleister erfolgreich auf dem Markt unterbringen, hat dem Freistaat den Ruf eines eleganten Zukunftsstandortes eingetragen. Gleichzeitig haben die sprudelnden Steuereinnahmen dafür gesorgt, dass der Freistaat im exklusiven Oberhaus jener sechs Bundesländer vertreten ist, die über den Finanzausgleich den übrigen zehn Ländern mit mehr als 13 Milliarden Mark kräftig unter die Arme greifen. Die Bayern werfen dabei rund drei Milliarden in den Solidaritätstopf der Länder.

Das ist eine beeindruckende Position für eine Region, die noch vor 50 Jahren als zurückgebliebenes, industriearmes Agrarland galt. Jeder dritte Oberbayer verdiente damals seinen Lebensunterhalt auf dem Feld oder in den Wäldern.

Heute arbeitet nur noch ein Prozent der Menschen auf dem Land, und angesichts der Erfolge Bayerns kann Wirtschaftsminister Otto Wiesheu die „späte Industrialisierung“ einen „historischen Glücksfall“ nennen. Ohne schwerindustrielle Monostrukturen wie etwa an Rhein und Ruhr hatten die Bayern den Freiraum, den sie zum Aufbau moderner Wirtschaftsstrukturen brauchten.

Wie diese Strukturen auszusehen hatten, das bestimmte die Einstellung der Menschen – die erdverbundenen Bayern hätten eine Zerstörung der Landschaft durch stinkende Schornsteinindustrien nicht hingenommen – und die einzig wirklich in Bayern vorhandenen Ressource: „Der Rohstoff Geist“, wie es Wiesheu beschreibt.

Bayerns Schulen und Universitäten genossen schon vor dem Zweiten Weltkrieg in Deutschland einen hervorragenden Ruf. In der Nachkriegszeit wurden sie ein Argument für große Firmen wie Siemens, Osram, Agfa und Audi, sich vor allem in Oberbayern niederzulassen. Gleichzeitig strömten zwei Millionen gut ausgebildeter Arbeitskräfte aus dem Osten in den Freistaat, um ein neues Leben zu beginnen – Bayern hatte in schweren Zeiten Glück gehabt.

„Glück allein genügt nicht. Man muss es auch beim Schopf packen“, meint heute Wirtschaftsminister Wiesheu.

Die Zugezogenen aus dem Osten brachten nach 1945 neue Produktionszweige ins Land; Glas- und Schmuckindustrie sowie der Instrumentenbau wurden wichtige Branchen. Auch die elektronische Industrie gewann in den einst ländlichen Gebieten Oberbayerns an Gewicht.

Die Grundlagen für die Spitzentechnologien, die heute die rotierenden Wachstums- und Jobmaschinen antreiben, haben sich die Bayern etwas kosten lassen. Zehn Universitäten, 15 Fachhochschulen, drei Großforschungseinrichtungen, elf Max-Planck-Institute und sechs Fraunhofer-Institute formieren sich zu einer nahezu beispiellosen Infrastruktur für die Forschung und Entwicklung der im Freistaat ansässigen Unternehmen. Im weltweiten Vergleich zählt Bayern mit drei Prozent Anteil der Forschungs- und Entwicklungsausgaben an seinem Bruttoinlandsprodukt zu den forschungsintensivsten Standorten der Welt.

Diese Investition hat sich längst ausgezahlt, denn Unternehmen verlegen ihre Standorte zunehmend in den Schlagschatten effizienter Forschungsinfrastrukturen. „Das ist zu einem Schlüsselfaktor geworden“, unterstreicht Georg Licht, Innovationsexperte am Zentrum für Europäische Wirtschaftsforschung (ZEW) in Mannheim.

Kein Wunder, dass der Großraum München in einer gemeinsamen Studie des ZEW und der Strategieberatung Prognos in Basel in der Bewertung der besten Hightech-Regionen den

Oberbayern boomt. Schon lange und jetzt erst recht. Den Anfang machte der Tourismus. Der Bau des FJS-Flughafens beflügelte die Region. Mit der Ansiedelung von Hightech-Unternehmen startete sie endgültig durch

zone

ersten Platz einnimmt. Nirgendwo sonst in Europa drängen sich auf so engem Raum derart viele Firmen aus der Informations- und Biotechnologie; sie allein beschäftigen 240 000 hochqualifizierte Menschen.

„Alle Merkmale einer dynamischen Hightech-Region sind hier vereint“, kommentiert Prognos-Projektleiter Reinhard Schüssler die empirischen Ergebnisse seiner Studie. Multis wie BMW, Siemens, Microsoft und die Dasa saugen die Ideen der Wissenschaftler genauso auf wie die wachsende Zahl junger Gründer, deren Unternehmen bestens mit Risikokapital und Management-unterstützung versorgt werden.

Angetrieben wird der Techniktransfer dazu noch von einer Landesregierung, für die die großzügige Förderung von Spitzentechnologie eine ihrer ersten Prioritäten ist. Zwei Milliarden Mark stellt München gerade wieder für eine neue „Hightech-Offensive“ bereit.

Bayern hält Genehmigungsverfahren kurz und steckt Milliarden in neue Werkstoffe, Software und Biotechnik. Die Unternehmensberatung McKinsey hat München dafür kürzlich auf Platz vier der weltweit führenden Zentren für Informations- und Kommunikationstechniken gesetzt – nur noch das Silicon Valley, Boston und London überflügeln das Technologiezentrum Oberbayerns.

Verbindung zu dieser großen weiten Welt hält Münchens „Franz-Josef-Strauß-Flughafen“, ein gewaltiges Monument für den verstorbenen bayerischen Ministerpräsidenten, der in den siebziger und achtziger Jahren die treibende politische Kraft hinter dem wirtschaftlichen Aufschwung des Freistaates war.

Bei den Fluggästen wegen seiner großen Entfernung zur Münchner Innenstadt nicht sonderlich beliebt, hat sich der Flughafen dennoch seit seiner Inbetriebnahme 1992 nach Frankfurt zum zweiten deutschen Drehkreuz im internationalen Verkehr entwickelt. Mit nahezu 20 Millionen Fluggästen pro Jahr und 262 000 Starts und Landungen ist der Flughafen auf den neunten Platz der verkehrsstärksten Flughäfen Europas aufgerückt. Mit über 17 000 Beschäftigten, die pro Jahr rund eine Milliarde Mark verdienen, ist „FJS“ eine der größten Arbeitsstätten Oberbayerns.

Jetzt verspricht der Flughafen der örtlichen Bauindustrie ein neues Konjunkturprogramm: Für zwei Milliarden Mark soll bis zum Jahr 2003 ein neuer Terminal errichtet werden.

Mit „Laptop und Lederhose“ hat Bayerns Ministerpräsident Edmund Stoiber die gelungene Synthese von zukunftsorientierter Industriepolitik und konservativer Verteidigung bayerischer Lebensart auf eine griffige Formel gebracht. Doch auch aus der Lederhose, Kürzel für die Kombination aus Folklore und einzigartiger Landschaft, ziehen die Oberbayern wirtschaftlichen Nutzen.

Oberbayern ist das älteste und zugleich größte Fremdenverkehrsgebiet des Bundesgebietes – und der Tourismus ist ein bedeutender Wirtschaftsfaktor besonders für den Süden des Regierungsbezirks. Pro Übernachtung gibt der Urlauber rund 113 Mark in Oberbayern aus; bei nahezu 32 Millionen Übernachtungen summiert sich der Beitrag des Fremdenverkehrs zu einem stattlichen Posten in der Wirtschaftsstatistik.

Zwar zieht es die meisten nach Garmisch-Partenkirchen, in den Landkreis Traunstein und ins Berchtesgadener Land, aber auch in München profitiert das Hotelgewerbe von der Anziehungskraft der Technologiemetropole des Südens: Gut sieben Millionen Menschen übernachten pro Jahr in der Isarstadt.

Für die in den anderen Industriezweigen tätigen Oberbayern aber gilt: tagsüber Laptop, abends Lederhose.

Und diese Formel erklärt denn auch das Jobwunder von Freising. Frau Huber vom örtlichen Arbeitsamt: „Jeder dritte Freisinger arbeitet in München.“

Harald Hotze, *ehemals Büroleiter des* Spiegel *in Brüssel, arbeitet als freier Journalist, unter anderem für die* Welt am Sonntag.

Gipsen

Anno 1700 waren Wessobrunne
die Stars ihrer Zunft. Eine hist

Der Heilige Ulrich hält Messe. Wandbild im Altarraum der Vilgertshofener Kirche, in Stuck gefasst von Johann Schmuzer. Sohn Joseph und Enkel Franz Xaver führten seine Kunst fort

für Gott

tukkateure wie die Schmuzers ische Reportage

Text: Hermann Unterstöger, Fotos: Robert Polidori

Johann Schmuzers Verzierung im Prälatentrakt des Klosters Wessobrunn zählt zu Europas bedeutendsten Stuckarbeiten

„So, so, Herr, zum Schmuzer wollt's Ihr."

Die Frau, eine ländlich schöne Person von vielleicht 45 Jahren, stand in der Tür des Hauses, aus dem sie auf unser Rufen hin gekommen war, wischte sich die Hände an der Schürze ab und schaute halb neugierig, halb amüsiert auf unseren von der langen Fahrt ziemlich verdreckten Wagen und das schweißnasse Pferd.

Dann trat sie ein Stück weit auf die Straße und wies in die südöstliche Richtung. „Seht's Ihr den Weg da 'nauf? Dem fahrt's immer nach."

„Habt vielen Dank", sagte ich und strich dem Pferd leicht eins über. „Hüa, Spezi, is nimmer weit!" Das Pferd zog an, wir fuhren den genannten Weg hinauf.

Seit etlichen Tagen waren wir unterwegs. Heute, am 24. September 1700, sind wir zeitig in München aufgebrochen, um uns im Auftrag unseres Herrn, des Speinsharter Abtes, mit Johann Schmuzer über eine allfällige Erweiterung des Klostertrakts zu bereden. Gut zehn Jahre war es nun schon her, seit Schmuzer bei uns in der Oberpfalz fertig geworden war, und man wollte sich seiner Tüchtigkeit noch einmal versichern, ehe es dafür möglicherweise zu spät wäre: Immerhin war der Meister 57 oder 58 Jahre alt und, wie es hieß, nicht mehr der Gesündeste. Wie das bei den Stukkatoren eben so geht: Das Gliederreißen haben sie alle von der ständigen Arbeit in Kälte und Zug; kaum einer, auf dessen Totenschein sich nicht die leidige Wassersucht fände.

„Brrrh!" Das Pferd blieb stehen, wir waren da. Vor uns ein herrliches Kirchlein, rotundenförmig mit einer mächtigen Kuppel obenauf. Linker Hand, wo Gerüstholz und dergleichen gestapelt war, verhandelte ein älterer, stattlicher und ersichtlich rüstiger Mann mit ein paar Handwerkern: Johann Schmuzer. Wir begrüßten uns, und ich stellte ihm meinen Begleiter vor, einen noch jungen Klosterbruder. Schmuzer bat, wir möchten uns ein wenig gedulden, er habe noch zu tun. „Könnt euch ja inzwischen umsehen und versuchen, hinter die Geheimnisse von uns Gipsern zu kommen."

Klöster zahlten für Kunst, die den Glauben verherrlicht: Engelsfigur am Stephansaltar in Vilgertshofen

Bruder Seraph, mein Begleiter, sah mich fragend an.

„Nun, mein Freund", sagte ich, „das mit den Gipsern hat schon seine Richtigkeit. Die Herren Stuccatores waren nicht immer so berühmt wie heutzutage. Auch unsere Wessobrunner schlugen sich als Maurer durch, ehe sie sich, beflügelt sowohl durch den Kunstbetrieb am Münchner herzoglichen Hof als auch die Formen und Modeln der Weilheimer Bildhauer, aufs Stuckieren warfen. In Innsbruck zum Exempel wurden sie noch lange als Weilheimer Gypsarii bezeichnet."

Da Seraph etwas ungläubig dreinschaute, legte ich noch ein paar Argumente nach, wie sie mir im Umgang mit den Stuckkünstlern zugeflogen waren. So belehrte ich ihn, dass sich Johann Schmuzers älterer Bruder Matthias, der Meister von Maria Birnbaum (um nur diese vorzügliche Arbeit zu nennen), anlässlich eines Gesuchs nach Augsburg dergestalt präsentiert habe: „Von meinem lieben Vatter hab Ich die freye Kunst der Gibs- oder Stuckhator Arbait uff weiss und Rott manier." Johann hatte die Anfangsgründe ebenfalls vom Vater und machte mir einmal eine Andeutung, dass er seinen Sohn Joseph eigenhändig und mit der gebotenen Strenge in der *ars gypsatoria* unterweisen werde.

„Sein einziger?", fragte Seraph.

„Mitnichten", erwiderte ich. „Meister Johann hat an die 14 Kinder, von zwei Frauen allerdings, weil ihm seine erste, Justina, nach zehn Jahren Ehe weggestorben ist."

Rokoko in Rottenbuch: im Mittelschiff der Kirche Stuck von Franz Xaver Schmuzer und Fresken von Matthäus Günther

S. BENEDICTVS
OMNIVM IVSTORVM
SPIRITV PLENVS
ARIANI ORDINIS
ARIANO BENEDICTI
INSTITVTOR ET
PATRIARCHA

Benedikts Statue inmitten schwerer Blätter und Ranken: Hochbarocker Stuck ziert den Altarraum in Vilgertshofen

Ein Himmelreich für eine Kirchenkuppel. Joseph Schmuzer baute die Ettaler Kirche, Sohn Franz Xaver stuckierte

Dann gab ich Seraph noch ein paar Memorabilia mit auf den Weg. Wie schlechterdings wundersam Gott seine Welt doch eingerichtet habe, sagte ich, erkenne man daran, dass die meisten der jetzt mit Recht gerühmten Künstler aus zwei schlichten Orten kämen, aus Gaispoint und aus Haid, beide nahe beisammen zwischen Weilheim und Landsberg gelegen und dem Kloster Wessobrunn zugehörig.

„War nicht auch Bethlehem ein dürftiger Flecken", warf Seraph ein, „und doch ..." – „Ist ja gut, mein Freund", entgegnete ich, „aber lass mich fortfahren." Es habe sich, hob ich wieder an, mit der Gegend um Gaispoint und Haid so verhalten, dass die Böden karg waren und dass einer, der keinem zusätzlichen Broterwerb nachging, sein Leben davon nicht hätte fristen können. Seit urdenklichen Zeiten trieben sie dort folglich neben der Landwirtschaft das Maurerhandwerk. Zuerst jeder für sich und später, der Konkurrenz wegen, in Compagnien.

Dem Kloster als dem Grundherrn war das, vor allem nach dem verheerenden großen Krieg, natürlich recht: Nur wer hat, der steuert auch und füllt die Klosterkassen, die ihrerseits wieder Aufträge möglich machen. Dass über ein Weilchen zum Mauern das Stuckieren kam, lag im Kunststreben der Zeit. Von Augustin Üblher erzählt man sich, dass er, nachdem er etliche Jahre beim herzoglichen Hof im Dienst gestanden, anno 1599 nach Mantua reiste, um sich in der Heimat jener Künstler, welche die Landshuter Residenz so trefflich geschmückt hatten, im Handwerk weiterzubilden.

Leiden und Demut in Gold gefasst: Brustbild der Heiligen Scholastica am Altar der Vilgertshofener Kirche

„Und die Schmuzers?"– „Bin ja schon dabei", sagte ich. „Die Schmuzersche Sippe, musst du wissen, ist alteingesessen in Gaispoint. Da hat es den Caspar Schmuzer gegeben, einen Maurer, der im Jahr 1595 gestorben sein soll, 65 Jahre alt. Dessen Sohn Jörg ist beim Bau von Polling verbürgt, und zwar mit einem Salär von 3195 Gulden, was nichts weniger als seinen hohen Rang erweist. Der Jörg hat schon stuckiert – und wie! Du solltest nur einmal die Innsbrucker Jesuitenkirche sehen, die hat der zusammen mit seinem Sohn ausgestaltet, dem Matthias. Dieser Matthias hatte wieder einen Sohn namens Matthias, und der ist, wenn ich die Geschichte nicht durcheinanderbringe, der nämliche, der nach Augsburg schrieb, er habe die freie Kunst des Gipsens zu Hause gelernt. Er ist also, mit anderen Worten ..."

„Mein Bruder." Johann Schmuzer war herangetreten und hatte unseren Dialog, wie mir schien, mit Vergnügen verfolgt. „Und, habt ihr unser Geheimnis entschlüsselt?"

Als wir verneinten, führte er uns in die Kapelle, wo seine Leute arbeiteten, teils hoch oben auf den Gerüsten, teils am Boden, wo sie an Wasserschaffeln und Mörtelkübeln hantierten.

„Wenn man sagt", begann der Meister, „der Stuck wäre aus Gips, so hat man damit Recht und Unrecht. Natürlich spielt Gips dabei die Hauptrolle, wie denn nicht, aber wir tun auch Kalk – oder Kreide – und Sand hinein und vermengen das mit Wasser zu einem Brei. Nun hat es aber, wie ihr vielleicht wisst, der Gips so an sich, dass er schneller abbindet, als ihn selbst unsereins auftragen und modellieren kann. Deswegen mischen wir allerlei Ingredienzen unter, die das Hartwerden verzögern sollen. Ich werde euch nicht alles verraten, doch kann ich euch ein paar Substanzen nennen, mit denen ich und die Herren Collegae gute Erfahrungen gemacht haben: Leimwasser, geronnene Milch, Bier, Wein oder Pulver aus Eibischwurzeln." Da Schmuzer sah, mit welcher Spannung wir seiner Rede folgten, fuhr er fort:

„Das ist noch nicht alles. Die so gewonnene Masse ist zwar geschmeidig, aber sie ist nicht davor gefeit, beim Trocknen zu springen. Dem versuchen wir entgegenzuwirken, indem wir Borsten, Tierhaare, Hanf, Stroh oder Schilf beimengen."

„Schön", sagte ich, „doch wie gelangt der irdische Stoff in himmlische Höhen?"

„Gemach!" Schmuzer winkte uns beiseite, zu einer Kiste mit Nägeln. „Selbstverständlich machen wir nicht alles in den Kirchen. Ein erklecklicher Teil des Zierrats, als da sind Kymatien (vulgo: Blattstäbe), Früchte oder auch Engelsköpfe, wird während der Wintermonate daheim in Modeln gegossen, der Rest hier und nach Bedarf. Wir nennen das Versetzstuck, und der wird mit Nägeln, manchmal auch mit Draht, da droben befestigt. Keine Kleinigkeit übrigens: Für die Schlosskapelle zu Füssen – im 82er Jahr war das damals und der Fürstbischof, unter uns gesagt, ein verdrießlicher Herr – brauchte ich an die 21 000 Nägel unterschiedlichster Art, von anderen Sachen gar nicht zu reden."

Da Schmuzer sah, dass wir von der Verdrießlichkeit gern nähere Kunde hätten, fuhr er schnell fort: „Die eigentliche Kunst ist freilich der frei angetragene, tief hinterschnittene Stuck, wie es ihn zum Beispiel im Kloster Wessobrunn oder drüben in Vilgertshofen gibt." Wir nickten, da wir heute früh uns kaum hatten satt sehen können an Johann Schmuzers Meisterwerk, der Wallfahrtskirche zur Schmerzhaften Muttergottes mit all dem künstlichen Laub, den Akanthusranken, Muscheln, Kartuschen, Blumen und Früchtegehängen. Was für ein Wunderwerk, und ein größeres sollte uns noch bevorstehen: Wessobrunn, wo wir zu übernachten und uns in den Prachtgemächern von Gästetrakt und Prälaturflügel nach Herzenslust zu ergötzen gedachten.

„Ihr wollt nach Wessobrunn", sagte Schmuzer nachdenklich. „Bin meiner Lebtag von Gaispoint nicht weggegangen. Das Kloster, meine Güte! Ich wohne gleich nebenan. Gute Bauherren sind die Patres immer gewesen, für mich jedenfalls, den man überall nur mehr den Klosterbaumeister nennt. Haben mich auch weiterempfohlen."

Es wurde allmählich Zeit, uns zu verabschieden. Die Sache mit Speinshart bat uns Johann Schmuzer fürs erste zurückzustellen, da er ausreichend beschäftigt sei und allmählich in die Jahre komme, da man mit seiner Zeit haushalten müsse. Als wir schon in den Wagen stiegen, knüpfte er nochmal an, wo er zuvor unterbrochen hatte, bei Kloster Wessobrunn. „Den Tassilosaal", sagte er, „die Aula Tassilonis, die lege ich euch ans Herz. Nicht meinetwegen, sondern weil euch da drinnen aufgehen wird, was für eine feine Hand mein Bub, der Joseph, heute schon hat – ist alles viel leichter und schlanker als bei mir. Da sehe ich eine gesegnete Zeit für uns Gipser kommen und werde, wenn's dem Herrn einmal gefallen sollte, mein Werkzeug beruhigt weglegen."

Wir fuhren. Hinter uns verschwanden Schmuzer und die Kapelle im aufsteigenden Abenddunst.

Nachtrag, 2. Juni 1701: Heute ein Brief von Joseph Schmuzer, worin er Mitteilung macht, dass „mein liber Herr Vatter am 12. Mai huius selig entschlaffen ist, dem got gnädig sey."

Hermann Unterstöger *ist Redakteur der* Süddeutschen Zeitung. *Er schreibt mit Vorliebe über bayerische Themen.*
Robert Polidori, *preisgekrönter Fotograf und Mitarbeiter des* New Yorker, *lebt in New York und Paris.*

Stuck nach Mode: feines Rokoko im Mittelschiff der Steingadener Kirche, an den Seiten Spuren schlichteren Barocks

MERIAN TIPP BAROCK UND ROKOKO

WESSOBRUNNER STUKKATEURE

Zwischen 1600 und 1800 war Wessobrunn die Heimat der bedeutendsten Stukkateure Europas. Angeregt durch das Beispiel italienischer Bauhandwerker-Gemeinschaften entwickelten sich in den Dörfern rund um das Kloster Wessobrunn „Compagnien" von Stukkateuren, Baumeistern, Bildhauern und Malern. Sie verrichteten Aufträge in ganz Süddeutschland, außerdem in Böhmen, Ungarn, Polen, Russland und Frankreich, und übertrafen mit ihrer Einflussnahme sogar die italienische Konkurrenz. Ungefähr 600 Künstler gestalteten 2000 bis 3000 Kirchen, Kapellen, Klöster und andere Bauwerke. Zu den berühmtesten Familiendynastien zählen außer der Familie Schmuzer, die über sechs Generationen die Stukkateurskunst im Pfaffenwinkel prägte, die Familien Feichtmayr, Zöpf, Schaidhauf und Üblher. Besondere Bedeutung erlangten die Brüder Dominikus und Johann Baptist Zimmermann, die unter anderem die Wieskirche gestalteten.

BAUWERKE

Andechs
WALLFAHRTS- UND BENEDIKTINERKLOSTERKIRCHE
Kirche tagsüber geöffnet Der Turm der Klosterkirche ist ein Wahrzeichen der Ammersee-Landschaft. Stuck, Decken und Wandgemälde im Innern der Kirche wurden 1753 bis 1755 unter Leitung des Wessobrunner Stukkators und Freskomalers Johann Baptist Zimmermann ausgeführt **C 4**

Aichach
WALLFAHRTSKIRCHE MARIA BIRNBAUM
Kirche tagsüber geöffnet Kuppelreicher Bau von 1655, der als eine der originellsten Schöpfungen bayerischen Frühbarocks gilt. Stuckiert von Matthias Schmuzer dem Jüngeren, Bruder von Johann Schmuzer **C 1**

Dießen
PFARRKIRCHE MARIÄ HIMMELFAHRT
Kirche tagsüber geöffnet Ehemalige Augustinerchorherrenstiftskirche, 1739 fertig gestellt. Die Stukkaturen, Vorformen der Rocailles, kombiniert mit Blattornamenten und Gitterfeldern, sind durchsetzt mit figuralen Motiven. An ihrer Herstellung wirkten vor allem die Wessobrunner Brüder Franz Xaver und Johann Michael Feichtmayr mit **C 4**

Ettal
BENEDIKTINERKLOSTERKIRCHE
Kirche tagsüber geöffnet, im Winter nur bis 12 Uhr Die Baumeister Enrico Zuccalli und Joseph Schmuzer schufen ein Glanzstück des süddeutschen Rokoko. Eindrucksvoll ist die große Kuppel. Die Stuckdekorationen vom 1752/53 stammen von Johann Georg Üblher und Franz Xaver Schmuzer **C 4**

Ilgen
WALLFAHRTSKIRCHE MARIÄ HEIMSUCHUNG
Kirche im Sommer tagsüber geöffnet Vermutlich das Erstlingswerk von Johann Schmuzer, gebaut 1670-76. Der geometrische Felderstuck ist duch Voluten, Muscheln und Cherubim mit Früchteschalen und Füllhörnern verziert. Auch die beiden Seitenaltäre und der zurückgesetzte Hochaltar werden Schmuzer zugeschrieben, die quadratischen Seitenkapellen hingegen seinem Enkel Franz Xaver Schmuzer **B 5**

Oberammergau
PFARRKIRCHE ST. PETER UND PAUL
Kirche tagsüber geöffnet Hoher großräumiger Saalbau mit hohen seitlichen Kapellenerweiterungen, der von Joseph Schmuzer 1736-42 erbaut wurde. Bei den Stuckarbeiten half ihm sein Sohn Franz Xaver **C 6**

Rottenbuch
PFARRKIRCHE MARIÄ GEBURT
Kirche tagsüber geöffnet Die ehemalige Stiftskirche aus dem Jahr 1100 wurde mehrmals umgebaut und ab 1737 von Joseph Schmuzer barockisiert. Später erneute Umgestaltung im Stil des Rokoko. Üppiger Stuck von Franz Xaver Schmuzer **B 5**

Schäftlarn
KLOSTERKIRCHE
Kirche tagsüber geöffnet Im Gegensatz zu der schlichten Innenausstattung des Klosters ist die ehemalige Prämonstratenserstiftskirche üppig dekoriert. Stuck und Deckengemälde entstanden 1754-56 als Spätwerk von Johann Baptist Zimmermann **B 5**

Steingaden
PFARRKIRCHE ST. JOHANNES DES TÄUFERS
Kirche tagsüber geöffnet Die Basilika mit den drei gleich langen Schiffen wurde mehrmals umgestaltet, zuletzt 1747, um das Mittelschiff im Stil des Rokoko auszustatten. Der filigrane Rocailleschmuck wird Franz Xaver Schmuzer zugeschrieben **C 6**

WALLFAHRTSKIRCHE ZUM GEGEISSELTEN HEILAND IN DER WIES
Kirche tagsüber geöffnet Die bekannteste unter Bayerns Rokoko-Kirchen. Nach einem Tränenwunder, das sich 1738 an einer Figur des Gegeißelten Heilands ereignet haben soll, entwickelte sich bei der alten Wieskapelle (am Fuß des zur Kirche aufsteigenden Hangs) eine so rege Wallfahrt, dass Dominikus Zimmermann 1743 mit der Planung einer Wallfahrtskirche beauftragt wurde. Die Wieskirche war 1765 fertig ausgestattet. Sie ist berühmt für den reichen Stuck und den lichtdurchfluteten Innenraum **B 6**

Vilgertshofen
WALLFAHRTSKIRCHE ZUR SCHMERZHAFTEN MUTTERGOTTES
Kirche tagsüber geöffnet, evtl. Gitterabsperrung Hauptwerk Johann Schmuzers. Der Stuck in der 1692 fertig gestellten Kirche hebt sich deutlich von der Leichtigkeit der Rokoko-Dekorationen ab und zeichnet sich durch schwere, hochbarocke Akanthusranken, Laub- und Blütengehänge aus **B 4**

Wessobrunn
KLOSTER UND PFARRKIRCHE ST. JOHANNES
Führungen im Kloster Mo-Sa 10, 15 und 16, So nur 15 und 16 Uhr, Kirche tagsüber geöffnet Der von Johann Schmuzer 1680 bis 1690 stuckierte Fürstentrakt gehört zu den besterhaltenen Stuckdenkmälern Europas. Berühmt ist auch der Tassilosaal, dessen Decke gegossene und frei angetragene Stuckteile meisterhaft verbindet **C 4**

Kabarettist, Sänger, Autor und Regisseur **Georg Ringsgwandl** über die neue Akzentfreiheit in Oberbayern, das Erbe der Völkerwanderung – und darüber, wo die Reise in Zukunft hinführen wird

Vom Hörensagen

oder warum Mundart Lebenskunst ist

Gibt es einen Grund, Oberbayern zu besuchen, wenn man Afrika, New York und die Karibik schon kennt? Ich meine ja und zwar möglichst bald.

Die Vergangenheit führt nämlich schon Rückzugsgefechte. Sture Reste der Urbevölkerung liefern sich hie und da noch Scharmützel mit der modernen Zeit, um ein paar Trümmer ihrer Heimat zu retten, aber die Tradition versinkt so schnell, dass die Leute oft nicht mehr wissen, was „echt" ist und ob es „echt" früher überhaupt gegeben hat.

Auch der Dialekt schwindet. Bauarbeiter, Automechaniker, Ausfahrer, Postboten und Bauern sprechen ihn noch. Bei ihnen ist Bayerisch der herrschende Slang. Wenn da einer Hochdeutsch redet, tut er sich schwer. Radiomoderatoren dagegen verwenden Bayerisch nur noch, wenn sie einen Satz als blöd und hinterwäldlerisch kennzeichnen wollen. Die modernen Bewohner Oberbayerns streben als nächsten Schritt der Vervollkommnung das akzentfreie Hochdeutsch an. Der Dialekt ist hinderlich, wenn sich keiner mehr in Denke, Sprache und Kleidung von den Amerikanern unterscheiden will.

Selbst die CSU-Oberen glauben nicht mehr, dass das Bayerische überlebt. Die Politik braucht es nur noch als Kulisse bei festlichen Anlässen. Die Grünen hatten mal eine Wurzel im bayerischen Untergrund, kapierten aber nicht, was man daraus hätte machen können.

Es gibt genug fortschrittliche Leute in Bayern, die sich für Indianerstämme, Tibeter und Aborigines einsetzen, aber die eigene Kultur lassen sie verrecken, ohne auch nur hinzuschauen. Regionale Eigenheiten, welche die Heimat einmal ausmachten, werden nur noch als Ambiente für debile Fernsehserien geduldet.

Noch gibt es Überbleibsel des alten Bayern. Noch hat es die um den Erdball galoppierende Raffsuchtepidemie nicht geschafft, die Tradition vollständig auszulöschen. Ich weiß von intelligenten Buben, deren Stolz es ist, ohne einen Satz Hochdeutsch erstklassig durchs Abitur zu kommen. Sie sprechen nicht nur die Reichenhaller Unterform des Rupertigauer Dialekts, nein, es muss seine Nonner Untervariante sein und die noch besonders verhaut.

Vielleicht machen sie es wie ihr Vater, der eine Karriere als Physiker hinlegte, ohne dass ihm jemals auch nur ein halbwegs hochdeutscher Satz über die Lippen gekommen wäre. Wie schaffte er das? Es gab immer Leute, die hinter dem Dialekt seinen brillanten Verstand zu schätzen wussten. Und seine Bescheidenheit. Der einzige Luxus, den er sich leistet, ist über Leute zu lächeln, die in gestelztem Hochdeutsch dummes Zeug von sich geben.

In Phippsburg, Maine, USA, traf ich mitten im Wald einen jungen Informatiker, der in Boston Computer Sciences studiert. Er sprach akzentfreies Amerikanisch, aber nur

Noch wird bayerisches Kulturgut gepflegt. Aber wie lange noch?

holpriges Hochdeutsch. Er kam aus Bayern und hieß Gschwendtner. Das gab mir Hoffnung. Vielleicht überlebt das Bayerische in Amerika. Oder in Tasmanien, wohin einer meiner Großonkel flüchtete, als er wen erschlagen hatte und die Gendarmen hinter ihm her waren.

Aber was soll man in Deutschland schon tun mit einem Namen wie Kreuzpointner, Kroetz, Loipfinger, Hintermoser oder Krimpelstetter? Einer mit dem Namen Ringsgwandl hat es angeblich bis in den Vorstand von Hoechst geschafft – eine Ausnahme. Letztlich zeichnet dich dein Name wie ein Brandmal im Pelz, selbst wenn du perfektes Bühnendeutsch sprichst. Du bist irgendwie verdächtig und das zu Recht.

Seit der Römerzeit zogen Handwerker, Künstler, Geschäftsleute und gewöhnliche Kriminelle über den Brenner nach Norden. Die bayerischen Frauen und Männer an den Durchgangsstraßen ließen sich nichts entgehen und machten mit den galanten Südländern Kinder sooft es nur ging. Dadurch haben viele von uns etwas Welsches, Krattlerhaftes, eine Sympathie für alles Windige. Denken Sie an Franz Josef Strauß, die Minister Tandler, Streibl, Wiesheu, Zimmermann, den Multimillionär Zwick, Karlheinz Schreiber, die Blutbeutelganoven vom Roten Kreuz und andere Performancekünstler. Selbst die Grünen liefern Skandale, nix Großes, aber immerhin kleine Lumpereien.

Als Oberbayer hast du eine geheime Liebe zum Halbseidenen. Und zwar alle von der Gosse bis zum Königshaus. Du hast eine Schwäche für das krumme Geschäft, weil du das gute Leben liebst und weil dir das krumme Geschäft das gute Leben mit weniger Arbeit verschafft. Weil du lieber sündigst und deine Seele beschmutzt, als dass du auf einen schönen Tag verzichtest. Warum auch? Die Sünde kann man beichten, aber der schöne Tag ist dahin. Letztlich halten die Bayern jemand Sauberen wie Trittin oder Angela Merkel für einfältig, so wen nehmen sie nicht für ganz voll, mit denen ist etwas nicht in Ordnung, deren Eignung wird bezweifelt, wir halten sie, kurz gesagt, für deppert.

Schuld daran ist die Völkerwanderung: In Bayern blieben ja vorwiegend die hängen, denen das Sesshaftwerden bereits nach kurzer Wanderung so wichtig war, dass sie sich für eine Parzelle Moorwald mit der Urbevölkerung prügelten. Weil die Gegend damals unfreundlich war, überlebten nur die Robustesten und Gröbsten. Kein Wunder, dass die Rauferei immer noch heimisch ist. Sensible, empfindsame Naturen galten hier bis vor kurzem als genetischer Betriebsunfall, quasi als Degenerationserscheinung, und mit der Christianisierung kam dann noch das Verlogene hinzu.

Vom Prinzip her ist der Oberbayer ja fremdenfeindlich. Nur das Fehlen von Bodenschätzen und die Mühsal der Bergbauernarbeit zwangen ihn zum Fremdenverkehr.

Daher wär's ihm nach wie vor am liebsten, die Gäste würden das Geld gleich überweisen und gar nicht erst kommen. – Stimmt nicht, wollte euch nur tratzen (= aufziehen).

Oberbayern wurde jedenfalls das Land, wo die Kabarettisten Immobilienfachleute sind und die Immobilienmakler Kabarettisten. Die unheilige Magdalena unter Bayerns Bezirken. Das Italien für den, dem Italien zu italienisch ist.

Wir lehnen die Mafia ab, aber wenn beim Italiener alle so gemütlich beieinander hocken, ist es uns wurscht, was sie sonst noch treiben. Die Stimmung ist gut, das Essen passt, der Wein ist in Ordnung, und mehr will man nicht.

In diesem Land stellt sich die SPD so blöd an, dass die Leute immer noch CSU wählen. Hier geht es den Leuten besser, und sie glauben, sie hätten es verdient. Aber, trotz aller sonstigen Verkommenheit, man muss uns zugute halten, dass der Ureinwohner hier noch auf Respekt hoffen kann, während man ihn woanders verlacht und die Moderne als Fortschritt feiert.

Wie kommt man nach Oberbayern? Zug, Auto oder Flugzeug? Der beste Weg führt über die Literatur. Wanderer, willst du nach Oberbayern, so lese Lena Christ! Sie schildert das ungeschminkte Voralpenbayern um 1900. Das Leben im Gebirge bis 1950 beschreibt Franz Innerhofer in „Schöne Tage". Er kommt zwar aus dem Salzburgischen, aber das ist wie Oberbayern.

Die heute über 50-Jährigen brachten ihre Jugend noch in der strengen Zeit zu. Sie mögen das Land und meutern gegen die Verhältnisse, oder zumindest granteln sie darüber. Dazu gehören die Schriftsteller Herbert Achternbusch und Carl Amery, Gerhard Polt und in der Musik Leute wie die „Biermösl Blosn", Konstantin Wecker und Hans Söllner. Aber auch andere, die man nicht kennt und die genauso wichtig sind, weil sie das Leben hier erträglicher gestalten.

Anderen erging es schlechter, ihnen brachen die Prügel von Kirche, Eltern und Lehrern frühzeitig das Kreuz. Gerade das gebrochene Rückgrat ist es aber, was vielen eine Karriere im öffentlichen Dienst oder beim Fernsehen ermöglichte. Womöglich sagte mein Vater deshalb immer: Eine gescheite Watschen hat noch keinem geschadet.

Jedenfalls regiert seit über 40 Jahren die CSU in unangefochtener Alleinherrschaft. Darüber könnte man leicht vergessen, dass es in Oberbayern immer Aufständische gegeben hat, weniger organisierte Revolutionäre als anarchistische Widerständler. Der fast vergessene „Bairische Hias" Matthias Klostermayr führte Jahre vor der Französischen Revolution einen Aufstand in der Gegend von Augsburg an, der Schmied von Kochel zog mit seinen mager bewaffneten Bauern gegen München, wo sie am 25. Dezember 1705, bei der Sendlinger Mordweihnacht, von österreichischen Besatzungssoldaten abgeschlachtet wurden. Der Volksheld Mathias Kneißl wurde 1902 geköpft, und der Schreiner Georg Elser hätte mit seinem Bombenanschlag auf Hitler 1939 der Geschichte um ein Haar eine andere Wendung gegeben.

Irgendwann wird das letzte Reservat des Bayerischen die Unterschicht sein, die von *minimal-wage*-Jobs lebt. Dort werden die Verlierer beieinander hocken, und ein Bayerisch reden, das keiner mehr versteht. Ihre Instrumente werden Ziehharmonika, Trompete, Gitarre und Löffel sein. Ab und zu wird ein Journalist zu ihnen hinabsteigen und von skurrilen Überbleibseln einer alten Kultur berichten.

Aber, nur kein Gejammer. Es ist noch nicht so weit. Noch pflegen selbst Teile der Oberschicht bayerisches Kulturgut. Immer wieder bestätigt ein Prominenter im Fernsehen sein Beharren auf der Almhütte. „Oscar"-Preisträger Harold Faltermeier, Skifahrer Markus Wasmeier und Franz Beckenbauer sitzen fürs Leben gern bei einer deftigen Brotzeit im Herrgottswinkel ihrer Zirbelstube. F. B. hört dabei sogar noch Volksmusik.

Auch auf anderen Gebieten steht Oberbayern heute prächtig da. Rodeln (Dankeschön, Georg Hackl, oder wie man auf Bayerisch sagt: Hacklschorsch merci, mit Betonung auf dem e), Skifahren (da hat uns Katja Seizinger aus NRW allerdings jahrelang beschämend abgehängt), Eishockey, Fußball (Bayern, 60, Unterhaching), Baden gehen, Gleitschirmfliegen, Snowboarden, Physik (Nobelpreisträger Mößbauer), Biergarten, Kartenspielen, Handwerk, Milchwirtschaft und halbseidene Künste wie Blasmusik oder Vermögensberatung (Sternekoch Alfons Schubeck in Waging). Beliebte Sportarten sind weiterhin Holz aufrichten, blöd daherreden, Disziplinverweigerung, Königsschlösser, Steuerhinterziehung und Kurgäste tratzen.

Liebenswert ist an uns auch eine gewisse verschrobene Renitenz gegenüber Verwaltungsreformen. Als die Landkreise Laufen und Berchtesgaden mit der Stadt Bad Reichenhall zusammengelegt wurden, beharrten viele mit Trotz und Tricks auf ihrem BGD-, REI- oder LF-Schild. Das wäre nichts Besonderes, das gab's woanders auch. Dass aber die Behörden mitmachten, das war speziell.

Historisch betrachtet ist heute die beste Zeit, um nach Oberbayern zu fahren. Aus den Wäldern brechen keine wilden Tiere mehr hervor, und Wegelagerer sind eine Seltenheit. Man könnte argwöhnen, der Oberbayer habe, seit die düstere Macht von Kirche und Staat ihn nicht mehr drückt, etwas von seiner unbeschwerten Lustigkeit verloren, aber das müssen Sie selbst beurteilen.

mag sein, dass es woanders auf der Welt auch schöne Flecken gibt, aber wirklich in Ruhe sterben kannst du erst, wenn du den Königssee gesehen hast. Allerdings, wenn du ihn gesehen hast, willst du es nicht mehr. Steige auf den Watzmann, schau dir den Gölltrichter an, du glaubst es sonst nicht. Durchs Wimbachgries im Frühling, der Chiemsee im Sommer, das Altmühltal im Herbst. Die schönsten Bauernhäuser gibt es im Berchtesgadener Land und im Chiemgau und die allerschönsten in der Gegend um Miesbach. Ein Land, wo der Umweltminister noch einen Sinn haben könnte.

Hoffentlich bleiben die braunbunten Kühe auf den Höfen. Hoffentlich widerstehen ein paar Bauern dem Trend zur schwarzweißen Hochleistungskuh. Unsere Kühe tragen ihr rehfarbenes Fell nämlich mit dem gleichen Stolz wie die Leute ihre Tracht.

Man muss die Gämsen im Gebirge gesehen haben und den Enzian, wie er im Frühling auf einer Bergwiese blüht, kobaltblau wie radioaktiv in makelloser, verbotenster Schönheit. Haflinger und Kaltblüter auf einer Wiese im Mai, ein blauer, fast windstiller Herbsttag, der nachmittags leicht dunstig wird. Dann sollte man sich bei Kaffee und Zwetschgendatschi in einen Gastgarten setzen, ein Traklgedicht lesen und sich nicht um die Wespen scheren.

Es gibt noch gemütliche alte Wirtshäuser, und es lohnt sich, für sie einen Umweg zu machen. Der „Bürgerbräu" in Reichenhall, die „Bräustüberl" von Berchtesgaden,

Tegernsee und Garmisch-Partenkirchen. Wirklich echt sind sie nur mit unfreundlicher Bedienung, denn rauhbauzig heißt ja verdeckt charmant.

eine gute Art, Oberbayern zu sehen, wäre von Norden her bis nach Berchtesgaden durchzufahren, auszuschlafen und dann die nächsten Tage oder Wochen nach Ramsau und Hintersee, über die Queralpenstraße nach Bad Reichenhall, das Kloster Höglwörth bei Anger, weiter zum Chiemsee, über Tatzelwurm und Sudelfeld nach Bayrischzell, Miesbach, Bad Tölz, Kloster Benediktbeuern, Kochel am See, Walchensee, von dort über Mittenwald nach Garmisch-Partenkirchen, Eibsee, dann Murnau, Staffelsee, Starnberger See und zurück nach Hause. Man übernachtet am besten in Privatunterkünften und Pensionen, weil sie billig und gut sind und man dort die Leute kennen lernt.

Viele Orte haben verstanden, dass die Grausamrustikalisierung der sechziger und siebziger Jahre ins ästhetische Verderben führte. Deshalb pflegen sie wieder den schlichten alten Stil, Seehausen am Staffelsee etwa, Schrobenhausen in der Hallertau, Beilngries im Altmühltal und einige andere. Es ist ein üppiges Land, reichlich versorgt mit landschaftlichen und historischen Schätzen. Immer noch gibt es eine tief sitzende Freude am kurzweiligen Brauchtum, am Faschingsdienstag in Ohlstadt zum Beispiel der Wettkampf im Gummistiefelweitschmeißen.

Wie gesagt, fahren Sie bald. Keiner weiß den Tag des Jüngsten Gerichts. Dann werden einige Orte der Verdammnis anheimfallen. ER wird die Heimatfrevler strafen. Karl Moik wird für das Versauen der Volksmusik in Ewigkeit die „Einstürzenden Neubauten" auf Lautstärke zehn hören müssen. Architekten, Bauherren, Hand- und vor allem Heimwerker werden für die Verhunzung der Häuser büßen. ER wird sie im Fegefeuer reinigen von der Sünde kupfergetriebener Haustüren, verjodelter Balkone und plastikener Jalousien. Er wird Rache üben für affige Modetracht und alle Bauern in den Schwitzkasten nehmen, die ihre Wiesen verkauften, wo jetzt Doppelhäuser SEIN Antlitz verhöhnen. Andere aber wird ER heiligen: Dieter Wieland für seine Fernsehsendungen über die einfache Schönheit alter Bauernhäuser und -gärten, auch die „Biermösl Blosn", „Fraunhofer Saitenmusik", „Eibl Sepp", „Rehm Buam" und andere, die die unverfälschte Volksmusik am Leben hielten.

Wenn es ans Bankabräumen geht, wird Gott fragen: Ist ein Gerechter unter euch? Und Stoiber wird antworten müssen: Eigentlich keiner, außer einer arbeitslosen Mutter aus Gelsenkirchen, die mit ihren Kindern gerade auf Besuch ist. Das wäre das Paradies, wird Gott sagen, eine bayerische Landschaft mit Bevölkerung aus dem Kohlenpott. Und die Bayern zum Büßen ins Ruhrgebiet schicken. Allerdings, wenn die Pottler durch langes, landschaftliches Verwöhnen dann hoffärtig werden, müssen sie wieder zurück an die Ruhr und die Bayern dürfen wieder heim und so weiter bis in alle Ewigkeit.

Georg Ringsgwandl *gab 1993 seine Stellung als Oberarzt im Klinikum Garmisch-Partenkirchen auf und arbeitet seitdem hauptberuflich als Kabarettist, Musiker und Autor. Zuletzt inszenierte er an den Münchner Kammerspielen seine Punkoper „Ludwig II. – Die volle Wahrheit". Er lebt in der Nähe von Murnau am Staffelsee.*

Eine Gegend mit sanften Kurven, die stillen Träumen viel Raum gibt: blühendes Rapsfeld im Holzland

Reisebericht einer Grenzerfahrung

Keine Berge, nur Hügel. Keine Seen, nur Moor. Oberbayerns Norden hat auf den ersten Blick wenig zu bieten. Doch der zweite lohnt. Charakterstudien aus Donaumoos, Hallertau und anderen Regionen am Rande

TEXT: RENATE JUST, FOTOS: GREGOR LENGLER

Zu viel zu tun für lange Reden: Bäuerinnen
in Plixenried bei Altomünster

Zusammenspiel von Glaube und Komik: Dick und Doof und die Engel am Wegkreuz bei Plixenried

Nordlagen sind zunächst immer Schattenseiten, die reizlosere Richtung. Das scheint auch in Oberbayern so. Wenn sich an den Wochenenden die Landeshauptstadt auswärts ergießt, dann schwallt es von jeher gewaltig gen Mittag, während nordwärts bloß geringfügige Ausflügler-Rinnsale in die trockengelegten Flachmoore verkleckern.

Als Grenze zwischen dem erfolgreichen Star-Oberbayern und dem unscheinbareren Landesteil im Norden kann über den Daumen gepeilt die Bundesstraße 12 angesetzt werden. Nördlich von ihr sind die Alpen höchstens bei Föhn zu sehen und die paar Seen in der Regel ausgebaggert, die Äcker weithin maisbestanden und die Kosten des Ansässigwerdens auch fürs Normalbudget darstellbar.

Dort lässt sich das zweite Gesicht Oberbayerns entdecken: verschlossen, eigenartig, manchmal bizarr. Wo man es zu schönen versuchte, ist das meist missglückt. Es ist, alles in allem, das Land im Schatten der Kalender-Idylle, aber im Schatten, wie man weiß, nisten mehr Überraschungen als unter allzu wohlgefälligem Schäfchengewölk.

Fahren wir also ganz im Osten los. Die Stadt Burghausen ist nicht gerade ein Geheimtipp. Aber an einem regnerisch verhangenen Wochentag kann es wunderlich und verwunschen sein, durch die Kette der Burghöfe zu spazieren. Ganz allein unterm Schirm, vorbei an Schwalbenschwanz-Zinnen und „Pfefferbüchsen"-Türmchen, an weinüberwuchertem Mauerwerk und eingeklemmten Gärten – dann und wann ein Kettcar und eine Wäschespinne am Weg, denn in all diesen Rentschreibereien und Marstallen, Foltertürmen und Spinnhäusln wohnen ganz normale Menschen. Gleich neben dem Christophstor lässt sich eine Ferienwohnung mieten, zum Ausprobieren des Lebensgefühls auf Deutschlands längster Burg.

Am finstersten und ungemütlichsten wird es ganz vorne, im hochherrschaftlichen Palast- und Kemenatenbereich: Dorthin pflegten die Wittelsbacher ihre lästigen Ehefrauen abzuschieben, auf immer verräumt, fort mit Schaden. Das Verlies im Heimatmuseum, in dem angeblich ein Hofkoch wegen unzulässiger Adelsliebschaft lebendig eingemauert wurde, lässt ahnen, welches Unglück hier oben zeitweilig brodeln mochte.

Die Altstadt Burghausen unterhalb, gezwängt in einen schluchtartigen Salzachdurchbruch –„voilà la ville souterraine" rief Napoleon bei ihrem Anblick verblüfft – ist heute ein pastellbuntes Kleinod von auffälliger Unmusealität: Jazzwochen, Literaturwochen, Theaterakademie, Kneipen, Galerien. Für die ganze Umtriebigkeit sorgt neben einem kulturbegeisterten Altachtundsechziger-Bürgermeister vor allem das opulente Sponsoring der Wacker-Chemie, deren gewaltige Anlagen Burghausens Oberstadt prägen, eine moderne Wohn- und Geschäfts-Agglomeration leicht zehnmal so groß wie das historische Herz. Burghausen, das ist schnell klar, gehört zum oberbayerischen Chemiedreieck – nicht in ein anachronistisches Bilderbuch.

Ist Altötting, 15 Kilometer westlich gelegen, ein Anachronismus? Niemand mit ausgeprägt antiklerikalem Affekt sollte sich die Wallfahrtsstadt antun. Er hätte einen Leidensweg vor sich. Das Umland ist so pfannkuchenflach, dass man die Türme schon kilometerweit ragen sieht. Ständiger Glockenhall schwingt über diesen etwas muffigen Pilgerquartieren, diesen Kreszentiaheimen und Rupertusstiften. Wallfahrer sind überall. Im Gasthaus „Zwölf Apostel", in der „St.-Antonius-Buchhandlung" und im Tiefgaragen-WC. Der Film „Unsere Liebe Frau" im Marienwerk hat „sonntags erweiterten Spielbetrieb", und der „Liebfrauenbote" schreibt über den Heiligen der Woche und darüber, dass eine junge Friedhofsschänderin („Satan ist geil") endlich geständig wurde.

Und doch – man kann eine Schwäche haben für diese Stimmung, für die hölzernen Devotionalienbuden, die an der Stiftskirche kleben, und für die altmodischen Schilder, die den Weg „zur mechanischen Krippe" weisen.

Die Eleganz des weiten Kapellplatzes mit seinen Barockbauten lässt eher an die Ideen der Aufklärung denn an dumpfes Pfaffentum denken – umso größer der Kontrast, sobald der Besucher ins flackernde Dunkel der Gnadenkapelle tritt. Immer ist dieser silbern schimmernde, winzige Raum gedrängt voll mit betenden Menschen, faustdick hängen ihre Nöte und Hoffnungen in

Ein Lichtermeer zu Füßen des Vorbilds: Opferkerzen in Altöttings Bruder-Konrad-Kirche

Wenn Altötting auf die Straße geht: sonntägliche Prozession auf dem Kapellplatz

Wie Nebel liegt ein Zauber überm Land

Burghausen trägt seinen Namen zu Recht: Europas längste Burg bietet ihren Mietern ein fürstliches Zuhause

Brauchtum in Pastell und Gold: Lüftlmalerei am „Hotel Post" in Burghausens Altstadt

der Stearinkerzen-Luft. Zwanghaft kommen Gedanken an alle möglichen Krankheiten hoch, an die – mittlerweile zerfallenen – Herzen aller bayerischen Könige, die hier in Silberurnen aufgereiht sind, und an ihre unterm Pflaster begrabenen Eingeweide.

Tröstlich ist da das Gnadenbild der Schwarzen Madonna, diese winzige Figur in ihrem bestickten Zeltkleid, fast verhutzelt, eine so unsüßliche Mariendarstellung, dass sie schon deshalb anbetungswürdig wäre. „Maria hat geholfen." Für die sieben Opfer der „Altöttinger Bürgermorde", in den letzten Tagen der Nazizeit von der SS per Genickschuss getötet, weil sie die Stadt kampflos übergeben wollten, konnte sie wohl nichts tun.

Hinaus aus dem Weihrauch. Auf dem Weg ins hügelige Holzland begegnet uns in Marktl noch mal das Katholische in Form des Geburtshauses von Josef Kardinal Ratzinger; ebenbürtig gemahnt nebenan eine Tafel daran, auch den Erfinder des Achselschwenkladers nicht zu vergessen.

Das Holzland nördlich des Inn, schon hart am Niederbayerischen, ist eine wunderschöne, zum Glück noch weithin verkannte Landschaft. Ein gebuckeltes grünes Hügelland, Senken und Kuppen in regem Wechsel, mit weiten Blicken von den Anhöhen, auf denen Einödhöfe und Weiler versprenkelt liegen, die Namen tragen wie Queng und Gmachl, Herzöd und Hölzlwimm. Leeres, stilles Land, komplett in Ruhe gelassen.

Fast immer findet sich der Reisende allein auf den gewundenen Sträßchen. Hin und wieder trifft er auf eine Pferdekutsche oder ein landwirtschaftliches Fahrzeug. Ein Achselschwenklader? Ab und zu wackelt ein alter Bauer seiner Wege und grüßt, indem er den Spazierstock in die Luft erhebt.

Die Gastronomie ist eher kärglich, aber beim Wirt im hoch gelegenen Dorf Endlkirchen, auf der Wiese vorm Salettl des Gasthauses Leonberg, kriegt man schon eine Brotzeit. „Und? Wia is' eich ganga?", fragt nachher die Bedienung, soll heißen: Hat's geschmeckt?

„Lauter Individualisten", sagt der bayerische Komiker Fredl Fesl, lebten auf den hiesigen Anwesen, verborgen in Geländefalten oder allein auf der Höh'. Fesl ist auf einer Einöde bei Pleiskirchen heimisch geworden, mit Schafen, Federvieh und einer Schmiede, wo er sich selber seine Zaunpfosten und Dartpfeile zusammenhämmert.

In Näglstall bei Wald werkelt auch „der Gräbner Hans", ein uriger, vollbärtiger Ofensetzerkünstler, der schon manches Haus des Umlands mit seinen klassischen weißgekalkten Kachelofenkuppeln und seiner Hafnerware verschönt hat. „Wie gewachsen" mit ihren gemauerten Nischen und Abstufungen sehen seine klaren, einfachen Innenräume aus; Kunden, die vom Gräbner Hans bloß einen Ofen wollten, fanden sich anschließend zuweilen in einem völlig neuen, radikal entkitschten Wohn-Ambiente wieder.

Gemächlich rollendes Land, auch westwärts in den Ampfinger Hügeln, wo sich die g'schnappige Kabarettistin und „Scharfrichter"-Preisträgerin Maria Peschek mit Familie eingenistet hat. Sie ist eine Aufs-Maul-Schauerin, eine Spezialistin der Scheinheiligkeits-Tonlagen, und findet reiches Material für die verdeckte Bosheit der angepassten, weiblichen Landbevölkerung in den Edeka-Märkten und auf den Elternabenden ihres Landstrichs.

Auf dem Peschek'schen Anwesen trifft sich halbprivat die Crème der kritischen bayerischen Kleinkunstszene – und manchmal müssen CSU-missliebige Schandmäuler wie die „Biermösl Blosn" von dort aus weiter ins Isental, um mal wieder den Dauerkampf gegen eine der rabiatesten Trassenplanungen des Freistaats zu unterstützen.

Die A 94 muss her. Wettbewerbsfähigkeit! Arbeitsplätze! So schreit das erwähnte ostbayerische Chemiedreieck zwischen Burghausen, Burgkirchen und Töging. Optimale Verkehrsanbindung – oder bei uns gehen die Lichter aus! Der Konflikt, auf beiden Seiten mit harten Bandagen geführt, tobt seit 13 Jahren. Zur Zeit atmen die Autobahngegner vorsichtig auf, denn die Straßenbaugelder sind bekanntlich knapp. Und Reisende in diesem unaufwendigen Bauernland würden Altöttings Madonna glatt eine Halbmeterkerze stiften, damit das bitte so bleibt.

Machen wir jetzt einen großen Satz, diagonal über das gigantische Beton-

Dörfer wirken fast fehl am Platz: das Holzland nördlich des Inn

Eine Stadt in gutem Glauben: Weihwasserbecken und Votivtafeln an Altöttings Gnadenkapelle

Ensemble mit Starqualitäten auf kargem Land: weidende Kühe im Donaumoos

ensemble namens Franz Josef Strauß, jawohl, Münchens Großflughafen liegt schon fast in Niederbayern, und landen wir nördlich der Amper in der Holledau, amtlich genannt Hallertau, inmitten des Gestänges.

Im Sommer, wenn alles meterhoch dicht gehängt ist mit Hopfenfahnen, fühlt man sich wie zwischen lauter vollen Wäscheleinen. Im Winter herrscht wenigstens Durchblick, aber auch dann ist das flächendeckende Stangen- und Drähtegewirr, gern „grafisch" genannt, eher sonderlich als anmutig.

Der Hopfen hat die Holledau aus dem Elend gerettet, zuvor war die Region ein sogenanntes Armenhaus. „Ein wildes Gehügel", wie ein recht misslauniger Staatsrat Hazzi um 1800 schrieb, „greuslich, voll Wald, Moos, Heide. Die Menschenrasse ist äußerst verkrüppelt und verkümmert und klein, dumm und wild. Die Glückseligkeit dieser Leute ist es, sich zu berauschen. Sie werden nicht alt, einige fünfzig Jahr und am Ende meistens taub."

Als Land der Gauner und des Gelichters war das unwegsame Gebiet der Holledau lange Zeit verrufen – auch wenn manche, die sich dort zwangsläufig herumtrieben, keineswegs aus unehrenhaften Gründen heimatlos waren: zweite Bauernsöhne ohne Hoferbschaft, entlassene Soldaten, uneheliche Kinder. All diese Deklassierten, für die im Milieu der hartleibigen Rechtschaffenheit kein Platz war, bildeten eine vagabundierende Subkultur, die der Holledau zeitweilig den Ruf eintrug, ihre Grenzen seien durch die vier Galgen von Moosburg und Abensberg, Freising und Pfaffenhofen markiert. Besonders das berüchtigte Delinquentengespann mit dem schönen Namen „Gump & Gänswürger" machte der Obrigkeit zu schaffen.

Schon lange ist aufgeräumt mit derlei Unwesen im Hopfenland, jedoch ist die materielle Sicherheit, die 150 Jahre lang von der absatzstarken Monokultur ausging, wieder prekärer geworden. Allein 1999 mussten 226 Hopfenbauern ihre Produktion einstellen, ging die Anbaufläche von *Humulus lupulus*, dem „grünen Gold", um 15 Prozent zurück. Überproduktion und weltweite Billigkonkurrenz ließen die Preise rapide verfallen, dazu brachten die Kosten der Automatisierung viele Betriebe in Not.

„Der Hopf is a Tropf", lautet das Sprichwort, „wer ihm traut, den nimmt er beim Schopf". Die Aussichten sind nicht gut, das Schreckenswort „Höfesterben" hängt düster über der Flur, im Norden spürbarer als im satten Süden, der ohnehin das große Geschäft mit dem Fremdenverkehr macht.

Vom Elend ein Lied singen kann eine der eigentümlichsten Regionen Oberbayerns: das Donaumoos. Wer von den umliegenden Anhöhen einen Schwefelstreif über dem größten Niedermoor Deutschlands hängen sieht und darüber das getürmte Gewölk, oder im Spätherbst die Nebelballungen in der nassen Niederung, der ahnt etwas vom Ruf des Sinistren, Zwielichtigen, der dieser Außenseiter-Landschaft lange nachhing.

Der Kurfürst Karl Theodor ließ die Sumpfwildnis um 1780 in einer wohlmeinenden Staatsaktion trocken legen: Neuland für Habenichtse von überall her sollte das Moos werden, ordentlich parzelliert. Doch der Moorboden erwies sich als unfruchtbar, das Land sackte ab. Die hoffnungsvollen Kolonistenfamilien, meist verschuldet, verelendeten rapide und massenhaft.

Wo jeder Hof am Hopfen hängt: Bäuerin Ursula Grünberger in Rudertshausen in der Hallertau

Zerlumpt und halb verhungert fanden die Menschen im Donaumoos ihr Auskommen – nicht als sesshafte Kleinbauern, sondern als herumziehende Wanderarbeiter, Torfstecher, Korbflechter und „Kirmzäuner" mit allerhand Kleinkriminalität im Gefolge. Man sprach „Jenisch" im Donaumoos, die Sprache der Landfahrer. „Gratschipink" hieß der Bauer, „Kronikel" das Schwein, und der Spruch bitterarmer Kinder „Dös kartellt der Plauderer nobi" (Das versteht der Lehrer nicht) war wohl oft allzu wahr.

Heute pendelt das halbe Donaumoos zu Audi nach Ingolstadt, endlose Ortschaften ziehen sich längs schnurgerader Straßen hin, ein Haus rechts, eins links, bausparkassenproper wie überall. Aber gleich hinterm Gartencenter-Schmiedeeisenzaun breitet sich das brettebene Schwarzerdeland mit seinen Birkenketten aus – noch immer etwas unheimlich.

Hinterkaifeck ist nicht weit. Ein Ort von wahrhaft gruseligem Ruf in den Schrobenhauser Hügeln. Der niemals aufgeklärte, bestialische sechsfache Mord, der auf dieser Einöde 1922 begangen wurde, ist ein bleibender finsterer Mythos Oberbayerns. Noch heute gibt es Hinterkaifeck-Theaterstücke, und zu jedem Jahrestag der Bluttat werden wieder kriminalistische Theorien gewälzt.

Eine ganze Familie, vom Opa bis zum Kleinkind und der Dienstmagd, wurde damals in ihrem Stall mit der Kartoffelhacke geschlachtet. Eigenbrötler waren sie, wegen Blutschande des Vaters mit der Tochter verurteilt. Ein Sturm tobte in jener Aprilnacht, und die Mörder verschwanden ins Nichts. Ein Jahr später wurde das Gehöft niedergerissen und nur ein schwarzer Stein im Dorf Stengelheim erinnert an die Opfer: „Der Herr gedenket als Bluträcher ihrer."

Die Sonne kommt wieder hervor über dem welligen Land im Westen. Über der Altomünsterer und der Lechrain-Gegend. Vor 100 Jahren war Ludwig Thoma hier vom Unterweikertshofener Forsthaus aus auf Bock- und Hühnerpirsch – und auf der Jagd nach einer „Maulvoll Milieu". In der Gegend um Wollomoos oder Sixtnitgern kann man sich das Land vom „Wittiber" noch am ehesten vorstellen, das Land dieser großartigen, knallhart realistischen Erzählungen. „Wer dieses Buch ‚Der Wittiber' gelesen hat, kann sagen, dass er einiges von den Bajuwaren weiss", schrieb Thoma selbst in einem Brief. Wohl wahr, bis heute.

Thomas beste Bücher verdanken wir fast ausnahmslos dem Bauernland zwischen Altomünster, Odelzhausen und Markt-Indersdorf, jenen kauernden Dörfern mit ihren Treppentürmen und weißgekalkten Dreiseithöfen, wo sommers „die Sonne herniederbrennt, dass man die Luft wie über einem offenen Feuer zittern sieht". Später dann zog Thoma an den Tegernsee, baute sich sein luxuriös alpenländlerisches Landhaus „Tuftn" und schrieb haarsträubenden, chauvinistischen, antisemitischen Schrott für den *Miesbacher Anzeiger*. Das Glonntal ist ihm offensichtlich besser bekommen. Ein Argument mehr gegen Rottach-Egern und für Unterweikertshofen.

Renate Just, *freie Autorin, lebt in einem 28-Seelen-Weiler im nordöstlichen Oberbayern.*
Gregor Lengler *arbeitet als freier Fotograf in Hamburg.*

MERIAN TIPP NÖRDLICHES OBERBAYERN

ESSEN UND TRINKEN

❶ Altötting
ALTÖTTINGER BRÄUSTÜBERL
Herrenmühlstraße 15, Tel. (08671) 98150, Mo-Fr 16-24 Uhr, Sa, So geschl., im Sommer auch mittags geöffn., Hauptgericht ab 17 DM Schöner Biergarten unter alten Kastanien, drinnen kleiner, gemütlicher Gastraum. Nach Voranmeldung sind auch Brauerei-Führungen möglich

❷ Altomünster
MAIERBRÄU
Marktplatz 1, Tel. (08254) 1279, Mi-Mo 10 bis 1 Uhr, Di Ruhetag, Hauptgericht ab 10 DM Dunkle alte Holzstuben wie zu Ludwig Thomas Zeiten, hervorragendes Bier, Küche unterschiedlich

❸ Asbach-Petershausen
WIRTSHAUS ZU ASBACH
Dorfstr. 27, Tel. (08137) 4619, Mi bis Fr 17-24, Sa, So 12-24 Uhr, Mo, Di geschl., Hauptgericht 15-25 DM Kleines, einfaches Dorfgasthaus mit altmodischer Einrichtung und Fleisch vom Biohof. Kleiner Biergarten, von September bis März gelegentlich Kleinkunst

❹ Burghausen
BAYERISCHE ALM
Robert-Koch-Straße 211, Telefon (08677) 9820, Sa-Do 9-24, im Winter So nur bis 18 Uhr, Fr geschl., Hauptgericht ab 28 DM Im Hotel Reisinger mit Blick auf die Burg. Auf der Karte von Witzigmann-Schüler Mario Ramsbach: Bayerisches mit österreichischem Einschlag

❺ Freising
BRÄUSTÜBERL WEIHENSTEPHAN
Weihenstephaner Berg 10, Telefon (08161) 13004, tgl. 9-23 Uhr, Hauptgericht ab 16 DM Urige Institution, getäfelte Stuben, das nördliche Pendant zu Andechs, aber weniger Remmidemmi

❻ Kraiburg am Inn
RESTAURANT HARDTHAUS
Marktplatz 31, Tel. (08638) 73067, Mi-So 12.30-14.30 und 18.30 bis 1 Uhr, Mo, Di geschl., Hauptgericht ab 23 DM In einem alten Ladengeschäft am Stadtplatz, fantasievolle, regionale Feinschmeckerküche, nicht überteuert

❼ Raitenhaslach b. Burghausen
KLOSTERGASTHOF RAITENHASLACH
Raitenhaslach 9, Telefon (08677) 9730, tgl. 10-1 Uhr, Hauptgericht ab ca. 15 DM Gediegener Gasthof in ruhiger Lage an der Salzach, solide Küche

❽ Schrobenhausen
ZUM SCHIMMELWIRT
Aichacher Straße 21, Tel. (08252) 7609, So-Fr 9-24 Uhr, Sa geschl. (außer im Mai, Juni zur Spargelzeit), Hauptgericht um 15, Spargelgerichte ab 22 DM Frische Spargelküche mitten im Anbaugebiet, sonst deftige, bayerische Kost, nicht teuer

❾ Wang bei Moosburg
LANDGASTHOF SCHLOSS ISARECK
Isareck 3, Tel. (08761) 5011, Di bis Sa 11-14, 17.30-24, So 11-24 Uhr, Mo geschl., Hauptgericht 14-27 DM Schöner altmodischer Landgasthof, getäfelte Stube, Wildbret aus eigener Jagd und Fisch aus eigenen Gewässern

ÜBER NACHT

❶ Altötting
HOTEL PLANKL
Schlotthammer Straße 4, Telefon (08671) 6522, Fax 12495, 50 Zi., 30 Suiten, DZ ab 110 DM Berühmt für die Themenzimmer: Im Kutschenzimmer ist das Bett eine Kutsche; im Amazonaszimmer empfängt Affengekreische und Wasserplätschern den Gast. 20 Zimmer mit Sauna, andere mit türkischem Dampfbad, Himmelbett oder Aromakabinen

HOTEL ZUR POST
Kapellplatz 2, Tel. (08671) 5040, Fax 6214, 63 Zimmer, 4 Suiten, DZ ab 200 DM, Suite 145 DM pro Person Erstes Haus am Platz, in dem schon Kaiser und Kardinäle logierten. Guter Service, außerdem Hallenbad und Whirlpool, Sauna und Solarium

❿ Bergen bei Neuburg /Donau
KLOSTERBRÄU
Kirchplatz 1, Tel. (08431) 67750, Fax 41120, 18 Zi, DZ ab 105 DM Sieben Kilometer von Neuburg entfernt, kassisch-bayerisch, doch nicht derb-rustikal, sondern hell. Behagliche, alte Gaststuben

❹ Burghausen
HOTEL POST
Stadtplatz 39, Tel. (08677) 9650, Fax 965666, 24 Zi., DZ ab 165 DM Haus mit 500-jähriger Geschichte im Herzen der Altstadt, Restaurant mit Biergarten, gemütliche Gastzimmer

❺ Freising
BAYERISCHER HOF
Untere Hauptstraße 3, Tel. (08161) 3037, Fax 538339, 69 Zi (nur 20 DZ), DZ 120 DM, Frühstück 9,50 DM pro Person Altes, gepflegtes Haus im Zentrum am Marienplatz, einfache, gediegene Einrichtung. Wer Ruhe will, sollte Zimmer zum Hof buchen

⓫ Mühldorf am Inn
HOTEL ALTÖTTINGER TOR
Stadtpl. 85-87, Tel. (08631) 4088, Fax 140139, 10 Zi, DZ 120 DM Zentral gelegen, in das rund 1000 Jahre alte Altstadttor integriert, moderne Einrichtung

SEHENSWERT

❶ Altötting
GNADENKAPELLE UND SCHATZKAMMER
Kapellplatz, tgl. 5.30-20.30 Uhr (hl. Messe 6-10 Uhr stündlich, Allerheiligen bis Ostern auch 11 Uhr); Schatzkammer am Kapellplatz, Mai-Oktober, Di-So 10-12, 14-16 Uhr, Mo geschl. Die Kapelle ist Wallfahrtsstätte der Altötting-Pilger, bekannt für die Schwarze Madonna, die rußgeschwärzt inmitten des golden und silber glänzenden Altarraums steht. Die Schatzkammer in der Sakristei gleich neben der Stiftskirche birgt Opfergaben aus Gold, Silber und Elfenbein und eine Rosenkranzsammlung

PANORAMA DER KREUZIGUNG CHRISTI
Gebhard-Fugel-Weg 10, März bis Ende Oktober tgl. 9-17 Uhr Eines der letzten Monumental-Rundgemälde Deutschlands, untergebracht in einer großen Kuppel

❹ Burghausen
BURGANLAGE
Burgführungen nach Absprache, (Dauer ca. 90 Min.), Auskunft bei der Burgverwaltung, Tel. (08677) 4659 oder beim Verkehrsamt Burghausen, Stadtplatz 112-114, Telefon (08677) 2435 Mit 1034 Metern Europas längste Burg. Sechs hintereinander liegende Burghöfe, rund 30 Häuser und Türme, die unter anderem das Museum „Haus der Fotografie“ beherbergen. Dort regelmäßig Sonderausstellungen (geöffnet April bis Ende Oktober, Mi-So 10-18 Uhr, Tel. 08677/4734)

⓬ Ingolstadt
DEUTSCHES MEDIZIN-HISTORISCHES MUSEUM
Anatomiestraße 18-20, Tel. (0841) 3051860, Di-So 10-12, 14-17 Uhr Chirurgische Instrumente von Ärzten und Zahnärzten verschiedener Kulturkreise aus mehreren Jahrhunderten

ALF-LECHNER-MUSEUM
Esplanade 9, Tel. (0841) 3052250, Do-So 11-18 Uhr, Führungen nach Vereinbarung Hellgrau glänzender Kubus mit wechselnden Exponaten des Stahlbildhauers Alf Lechner

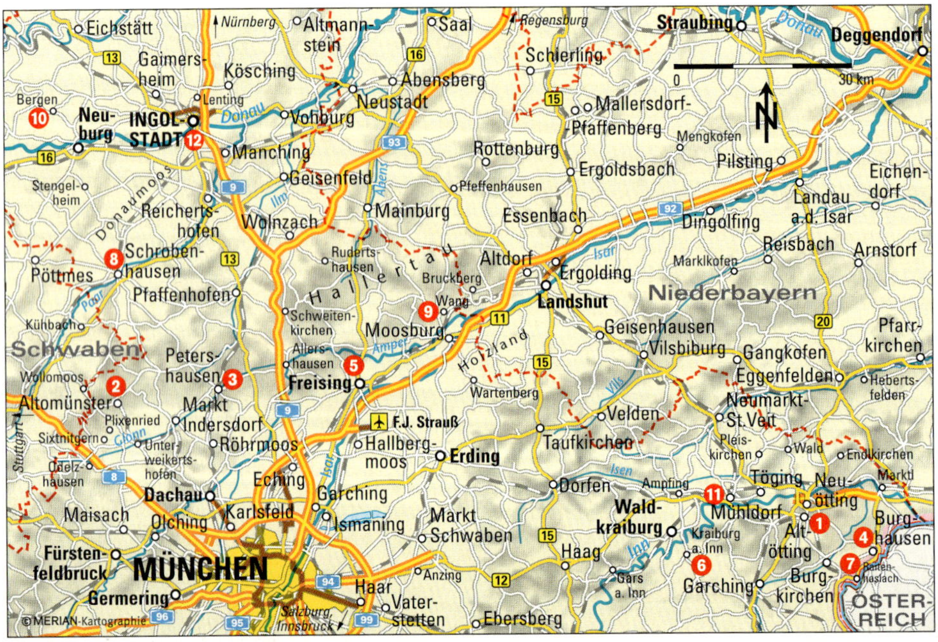

DER FEINSCHMECKER
BUCHVERSAND
Bücher
für Genießer
Empfohlen vom Monatsmagazin DER FEINSCHMECKER finden Sie eine exklusive Auswahl der besten Bücher rund um die Themen Reise, Küche, Getränke, Genuss und Lebensart. Sie können die Bände bequem und einfach online bestellen.
Neu!
Jetzt auch im Internet
DER FEINSCHMECKER
BUCHVERSAND
KOCHEN
WEINE
IMMER
BESTELLEN
KONTAKT
MAGAZIN
Bücher für Genießer
OZ CLARKE
KNAURS GROSSER WEIN ATLAS
SIBYLLE ZEHLE
HOTELS ZUM TRÄUMEN
DER FEINSCHMECKER
Einkaufen
DER FEINSCHMECKER
Hotels & Restaurants 2000
Stefan Marquards
Kochschule
www.der-feinschmecker-buchversand.de
Mediainformationen: Tel.: 040/27 17-22 34 · Fax: 040/27 17-20 65 · e-mail: anzeigen@premium-magazine.de

Leber. Kutteln,

Kochen mit Herz hat in Oberbayern doppelten Sinn. Innereien gelten hier als Delikatessen. Doch der einen Genuss ist der anderen Horrortrip. Das Protokoll einer kulinarischen Mutprobe

von Norbert Niemann

Was die bayerische Innereien-Küche angeht, waren meine Erfahrungen mit ihr bis vor kurzem weit in die Vergangenheit entrückt. Und das, was mir von ihr im Gedächtnis geblieben war, lud nicht dazu ein, aufgefrischt zu werden. Natürlich bin ich als Oberbayer mit den kulturellen Eigenheiten dieser Region aufgewachsen, und dazu gehört neben Schuhplattlern, Goaßlschnalzern und Weißwurst eben auch die Vorliebe für alle Arten von Innereiengerichten, welche der Bayer in schwelgerischer Manier zu genießen pflegt.

Von wegen schwelgerisch – ein Grausen sind sie mir gewesen, diese Milz-, Blut- und Leberwürste oder Sauren Lüngerl, die meine Mutter uns aus Anlass notorischer Geldknappheit einmal pro Woche vorsetzte. Ich höre mich noch auf dem Heimweg von der Schule meine im Takt der Schritte litaneiartig wiederholte Beschwörungsformel aufsagen: Heute bitte keine Innereien, heute bitte keine Innereien. Oder wenigstens, wenn's denn um Gottes willen gar nicht anders geht, bloß eine Leber.

Und meine Mutter hatte ja auch irgendwann ein Einsehen und servierte uns Kindern Milchreis oder eine so genannte Semmelsuppe, die sich aus alten, in dünne Scheiben geschnittenen, mit Zucker bestreuten und heißer Milch übergossenen Semmeln zusammensetzte, während mein Vater und sie zum Beispiel diese braune Brühe mit den eklig schleimigen Lungenstreifen schlürften, die, wenn man sie zerbiss, oft diese knorplig knackenden Stellen hatten, die einem zwischen den Zähnen wegflutschten. Hatte man es einmal gegessen, vergaß man das nie wieder. Allein dieser säuerliche Geruch verursachte schon Übelkeit. Lüngerl war mit das Schlimmste, was es gab auf der Welt.

Andererseits wurden unter uns bayerischen Kindern Lüngerl-Geschichten gern wie schaurig schöne Horror-Geschichten ausgetauscht. Sie stifteten eine gewisse Solidarität gegen die Erwachsenenwelt. Später – bei den ersten Freundinnen – vertieften sie geradezu die Innigkeit der Beziehungen.

Die unerquicklichen Erinnerungen an dieses Gericht wurden auf diese Weise natürlich immer weiter wach gehalten und zementierten die grundsätzliche Abscheu vor ihm. Sie dehnte sich sogar auf alles aus, was auch nur annähernd unter den Oberbegriff Innereien zu fallen schien.

Irgendwann waren mir sämtliche essbaren Organe in derart exotische Ferne entrückt, dass meine reflexhafte Abwehr schließlich in Neugierde umschlug. War es – ähnlich wie bei Kaffee, Grapefruitsaft, Bier – nicht gut möglich, dass meine Geschmacksnerven heute ganz anders – freudig, geschmeichelt – reagieren würden? Konnte es nicht sein, dass ich mir aufgrund meiner im wahrsten Sinne des Wortes kindischen Vorbehalte vielleicht sogar die eine oder andere bayerische Köstlichkeit entgehen ließ. Ich entschloss mich zu einer Art kulinarischer Entdeckungsreise, und eröffnete sie dezent – gleichsam auf der Teststrecke – mit einem auf dem Grill gerösteten Kalbsherzen.

In dünne Blätter aufgefächert, die an der Spitze noch zusammenhingen, wo früher einmal die Aorta ausgetreten war, lag der junge Muskel vor mir auf dem Teller. Ich fand, das Ganze sah zwischen den kleinen Butterkartoffeln und dem geschmackvollen Salat-Arrangement äußerst appetitlich aus und griff beherzt zum Messer. Den Schlagaderstrunk schnitt ich gleich weg und schob ihn unter das Salatblatt am Tellerrand. Auch die leicht blutigen Passagen drumherum entfernte ich wohlweislich – und ließ es mir dann tatsächlich schmecken. Es geht doch eigentlich ganz leicht, jubelte der Hasardeur in mir, ich bin schließlich kein Kind mehr.

Sofort zückte ich mein Notizbuch, um die sich in meinem Mundraum ereignenden Phänomene schriftlich zu fixieren. „Fleisch von sehr dichter Konsistenz", befand ich und schmiedete gleichzeitig kühnste Pläne, die Fortsetzung meiner Expedition betreffend.

Durch diese erste, unbeschwerte Etappe also erstarkt, wollte ich im zweiten Anlauf sofort den Sprung ins eiskalte Wasser wagen. Dies jedoch erwies sich als verhängnisvoller Fehler. Zwar hatte ich zur mentalen Unterstützung den Kollegen Oswald mitgenommen, der sich mir gegenüber als Innereien-Liebhaber geoutet hatte. Aber kaum stieg mir der Geruch des Sauren Lüngerl in die Nase, kehrten auch schon alle äußeren und inneren, die sozialen und die sensorischen Tragödien meiner frühen Tage in mein Gedächtnis zurück, als hätten sie sich erst gestern ereignet.

Noch zerteilte ich herausfordernd den obligatorischen Semmelknödel, noch schob ich einen randvollen Löffel nach dem anderen in meinen Mund hinein, noch konnte ich in beinahe glaubwürdigem Tonfall aussprechen: „Gar ned so übel, des Zeig." Doch hatte ich meine Kräfte überschätzt, erlag binnen kurzem dem Ansturm meiner Empfindungen, zerschellte an diesem harten Fels meiner lukullischen Existenz und ließ die Hälfte der Mahlzeit zurückgehen.

Gewissermaßen, dachte ich, mich selbst tröstend, handelt es sich hierbei nur um eine Art negative Madeleine-Erfahrung. Nicht die lieblichen Bilder, wie bei Proust, sondern die Schreckgespenster meiner Kindheit hat dieses Lüngerl in meiner Erinnerung aufgescheucht.

Folgerichtig brachte mir die nächste Nacht einen Albtraum, der mich für einige Wochen zwang, den vorgesehenen Kurs meiner Ausfahrt zu revidieren, sprich eine längere Erholungspause einzulegen. Ich will Sie nicht quälen mit den Einzelheiten dieses Traums. Nur so viel sei berichtet: Man servierte mir einen längs halbierten Stierkopf, darin verschiedene rohe, grünlich, gelblich und rötlich schimmernde Innereienspezialitäten, deren genauere Beschreibung unzumutbar ist, und die mittels eines großen silbernen Schabers auf den Teller geschoben wurden.

Kälberfüß

Fürs erste war ich also gezwungen, meine Materialerkundungen auf andere Wege zu verlegen. Einerseits um meine Nerven zu schonen, andererseits um mich sozusagen abzuhärten für das, was mich noch erwarten würde, wandte ich mich der wissenschaftlich-soziologischen Untersuchung des Themas zu.

Ich studierte Kochbücher und Lexika, fand zum Beispiel heraus, dass unter Kutteln „die gereinigten, gebrühten Vormägen des Rindes" zu verstehen und Bries ein volkstümlicher Ausdruck für den Thymus ist, ein bei allen Wirbeltieren und also auch beim Menschen vorhandenes, hinter dem Brustbein sitzendes, „lymphatisches, ursprünglich aus Epithelien der Schlundtasche hervorgegangenes paariges Organ", das besonders bei Jungtieren, Kälbern etwa, ausgeprägt ist.

Bei meinen Mitmenschen erkundigte ich mich über ihre Innereienerfahrungen, und besonders die Älteren waren es, die mich mit ihren persönlichen, vor allem aber den erstaunlichen Vorlieben ihrer eigenen Vorfahren begeisterten. Von ganzen Tierköpfen etwa wurde da berichtet, die Anfang des vergangenen Jahrhunderts auf großväterlichen Befehl hin stundenlang und gegen alle Widerstände in riesige Töpfe versenkt vor sich hin köchelten, vom Auftraggeber dann liebevoll ausgelöst und natürlich auch ganz allein verzehrt wurden.

Schließlich erforschte ich die gegenwärtige Infrastruktur der Innereiengerichte anbietenden Wirtshäuser im oberbayerischen Raum und konstatierte deren allmähliches Ausdünnen. Ein Lüngerl, eine Schlachtschüssel, war mit etwas Glück noch leicht zu bekommen, von Euter oder Kutteln dagegen weit und breit keine Spur. Dazu muss schon ein Geheimtipp, die Empfehlung eines Gourmets her – und die bekam ich schließlich auch.

Der Schock, der mich für die Praxis lahm gelegt hatte, war inzwischen mehr oder weniger überwunden. Ja, eine Draufgängerhaltung hatte mich schier erfasst. Wieder hatte ich den Kollegen Oswald dazugebeten, dieses Mal jedoch mit dem Vorsatz, zu zweit und im gegenseitigen Austausch der Gerichte unser Treffen nachgerade zu einer Innereienorgie anschwellen zu lassen. Wir trafen uns im „Weißen Bräuhaus", das im Münchner Tal gelegen ist. Die Speisekarte übertraf meine kühnsten Erwartungen. Hier gab es tatsächlich alles, bis hin zu Kälberfüßen, die eigentlich gar nicht zu den Innereien zu zählen sind.

Kollege Oswald bestand sogleich darauf, seinen Appetit mit einem Lüngerl als Vorspeise anzustacheln. Überschwänglich pries er dessen Gabe, die Geschmacksknospen zu öffnen, die Magensäfte zu aktivieren und sämtliche Eingeweide fröhlich auf alles Kommende einzustimmen. Selbstverständlich forderte er mich auf, es ihm gleichzutun. Als alle meine Einwände, dieses Gericht hätten wir ja nun wirklich weidlich genug ergründet, nicht fruchteten, konnte ich seinen Hunger zuletzt wenigstens noch auf ein sogenanntes Voressen umlenken. Nach Art eines Lüngerls zubereitet, bildet die Grundlage dieser Delikatesse ein bunter Mix aus Rindslunge, Kutteln, Kalbsbries und -gekröse, und ist um einiges milder im Geschmack, was ich mit einem Viertel Löffel auch empirisch überprüfte.

Danach gab es erst einmal einen Obstler – und die Qual der Wahl des Hauptgangs. Drei Forschungssektoren mussten noch abgehakt werden: Kopf, Hirn, Euter. Oswald, dessen Innereienvorliebe sich nun als reichlich eingeschränkt herauszustellen begann, entschied sich nach langem Hadern für einen Kalbskopf, nachdem sichergestellt war, dass das in der Karte erwähnte Ochsenaug' nichts weiter als ein Spiegelei meinte. Den Verzehr eines Euters lehnte er kategorisch ab. Dieses zarte, Milch, ja Leben spendende Ding, das so schutzlos unten an den friedlich auf den Weiden grasenden Kühen baumle, also in so etwas könne er beim besten Willen nicht hineinschneiden, geschweige denn es in den Mund nehmen, nein, diese Schandtat müsse er schon mir überlassen.

Mir fiel ein Stein vom Herzen, als die Speisen vor uns standen. Statt den halbkugelförmigen, an süße Kälbchenschnauzen erinnernden Gebilden lagen da neben dem Kartoffelsalat panierte Scheiben auf dem Teller, die aussahen wie Schnitzel „Wiener Art". Sie schmeckten ausgezeichnet. Das Euter wies in der Tat einen milchigen Beigeschmack auf, als hätte man Fleisch in Topfen eingelegt. Der Kalbskopf war zugegebenermaßen etwas fett, doch überaus zart und angenehm am Gaumen. Danach gab es wieder einen Obstler – und sofort, sozusagen ohne mit der Wimper zu zucken, meine zweite Bestellung. Beflügelt von der Harmlosigkeit des ersten Gangs traute ich mir alles zu. Das Hirn musste her.

Es sah rundum einladend aus: ein Omelett, ein dickes, zusammengefaltetes Omelett. Kein Problem! Ich stach ein, und Oswalds Blick verfolgte mein Tun, ich füllte vorsichtig meine Gabel, und Oswalds Mimik ging tapfer mit. Unter der attraktiven eigelben Kuchenhaut war ich auf eine cremig weiße Masse gestoßen. Für einen Moment schloss ich die Augen, konzentrierte mich und führte den Brei an meine Lippen. Wie soll ich diesen Geschmack beschreiben? Er hatte diesen Touch von – gar nichts. Wie ein Mozzarella mit der Konsistenz eines Hüttenkäses, nur etwas zäher.

Seltsam staunend starrte Oswald mich an, als ich die Lippen wieder öffnete. Natürlich, nicht jedes dieser vom Aussterben bedrohten Gerichte kann jedem munden. Deshalb war ich umso dankbarer für die mütterliche Fürsorge, die bei einem Lokal wie diesem womöglich in die Grundausbildung des Personals integriert ist.

„Einen Obstler", entschied die Bedienung, „ned, dass Eahna no schlecht wird." – „Ich aa glei no einen", kam es von irgendwo auf der anderen Seite des Tisches. Nach einer Reihe weiterer Schnäpse erklärte ich meine Abenteuerreise schließlich für beendet.

„Aber ein Euter", beteuerte ich auf dem Heimweg, der uns über die schwankenden Hängebrücken Münchens führte, „tät ich jederzeit wieder essen."

„Aber ein Lüngerl", ließ es sich der Kollege Oswald nicht nehmen zu erwidern, „ist und bleibt ein Gedicht. Für jeden, der ein Lüngerl mag."

Norbert Niemann, *geb. 1961, lebt als Schriftsteller am Chiemsee. Sein Roman „Wie man's nimmt", 1998 im Hanser-Verlag erschienen, wurde mit dem Ingeborg-Bachmann-Preis ausgezeichnet.*

Dem Bistumsgründer zu Ehren: der Willibaldsbrunnen auf dem Marktplatz, gebaut 1695 als Zentrum eines barocken Ensembles

Text: Charlotte von Saurma   Fotos: Albrecht Fuchs

Was macht die Kirche mit ihrem Geld? In Eichstätt lässt sie bauen. Seit Jahrhunderten schon. Zuletzt von einem Fan der Moderne: Mit Karljosef Schattner wurde die Kleinstadt groß

Katholizismus in

Stilbruch in Harmonie: Studiogebäude des Instituts für Journalistik der Katholischen Universität, gebaut 1988 von Karljosef Schattner

feiner Form

Auf Eichstätts Residenzplatz reihen sich die Bauten früherer Hofbaumeister wie Gabriel de Gabrieli (1671-1747) und Mauritio Pedetti (1719-1799) aneinander, in der Mitte steht Pedettis Marienbrunnen

Die Aula der Universität (r.) verbindet klare Strukturen und Funktionalität. Treppen schaffen Freiraum. Im Eingangsbereich des Gebäudes (u.) legten Schattner und sein Nachfolger Karl Frey Wert auf Weitläufigkeit

„Universitätsstadt" steht auf dem Schild am Ortseingang, aber das klingt ein wenig hoch gehängt, denn Studentenkneipen und weltläufiges Leben muss man suchen in dieser Kleinstadt an der nördlichen Spitze Oberbayerns. Eichstätt, eine kleine Kreisstadt mit 13 000 Einwohnern, ist tiefste Provinz – und zugleich ein Ereignis von kosmopolitischem Rang: Europas architektonischer Sonderfall.

Es ist die einzigartige Koalition der Stile, der Eichstätt seinen besonderen Ruf verdankt: ein perfektes Ensemble aus mittelalterlichem Grundriss, fast vollständig erhaltenen Residenz- und Sakralbauten italienisch barocker Provenienz, das Ganze durchsetzt mit einer erstaunlichen Fülle moderner Architektur. Eine perfekte Symbiose zwischen barocker Üppigkeit und schnörkelloser Strenge.

All die schönen, schon am Ende des Dreißigjährigen Krieges begonnenen Bauwerke hatten seit Jahrhunderten immer nur einen Financier: die katholische Kirche. „Kunst und Kirche gehören zusammen", sagt der Bischof des Bistums Eichstätt bei Kaffee und von der Haushälterin selbst gebackenem Apfelkuchen. „Die Kirche musste sich stets bemühen, das Jenseitige anschaulich zu vermitteln. Und war dabei immer

Glaszwischenbau mit Treppenhaus direkt an der alten Stadtmauer. Karl Frey führt Karljosef Schattners Linie fort, baut noch reduzierter, vermeidet alles Überflüssige

auf die gestaltende Kunst angewiesen", erklärt er in der Polstergarnitur-Ecke im ersten Stock seines Palais, erbaut 1736.

Seine Eminenz Dr. Walter Mixa ist ein fotogener, stattlicher Mann, der heimliche Star der Kreisstadt und der Öffentlichkeit nicht abgeneigt, egal ob als Schirmherr des bayerischen Jagdverbandes oder Diskussionsteilnehmer über die Verdunstung christlicher Substanz in der modernen Informationsgesellschaft. Sein Reich erstreckt sich von Nürnberg bis Ingolstadt, von Velburg bis Herrieden und ist eines der mittelgroßen der insgesamt 27 deutschen Bistümer.

Des Bischofs Kulturbegriff ist der klassische, da kennt er sich aus. Und wie seine großen barocken Vorgänger lässt er bauen. In Stahl, Beton, Glas, Lochblech – zur Ehre Gottes und zum Wohlgefallen der internationalen Architekturszene. In Eichstätt ist die katholische Kirche Trendsetter.

Überhaupt ist der Katholizismus dieser Stadt von geradezu überwältigender Präsenz und Souveränität. Eichstätts Hochschule ist die einzige Katholische Universität im deutschen Sprachraum, und nicht nur die zahlreichen Kirchtürme zeigen, wessen Macht hier jahrhundertelang die Geschicke lenkte.

Bis zum Beginn des 19. Jahrhunderts regierten die Fürstbischöfe im Bistum Eichstätt. Sie waren eine süddeutsche Spezialität – Herrscher und Hirten, mächtige, barocke Zwitterwesen aus weltlicher und religiöser Macht. Auserwählte zwar, aber gewählt von Ihresgleichen. Im Gegensatz zu ihren weltlichen Kollegen durften Fürstbischöfe keine Schlachten schlagen und keine Nachfolger zeugen. Also verewigten sie sich durch grandiose Baukunst.

Eine Ersatzhandlung, die das Volk begeisterte. Und war auch das Bistum Eichstätt eher eine arme Randregion, so gab es doch genügend geistliche Aristokratie mit ererbten Geldpfründen, die sich gestandene italienische Meisterarbeit leisten konnte: Giacomo Angelini (im Amt 1670-1714), Gabriel de Gabrieli (1714-1747) und Mauritio Pedetti (bis 1799) hießen die Herren Hofbaudirektoren.

Ihre Werke haben bis heute überdauert, denn auch wirtschaftliche Bedeutungslosigkeit hat langfristig ihren Charme: Wo der Zweite Weltkrieg nicht zugeschlagen hatte und später kein Geld da war, wo also Industrialisierung und Fortschrittsgläubigkeit keine Schneisen schlagen konnten, blieb alles beim Alten. Armut schafft Authentizität.

So war Eichstätt bis zu Beginn der sechziger Jahre immer noch das, was der erste Bundespräsident Theodor Heuss einmal als eines der „großartigen und köstlichen Dinge in Deutschland" bezeichnete. Der wünschte dem Provinznest damals, dass es „in seinem Winkel weiter träumen möge."

Das hätte Eichstätt wohl auch getan. Wenn nicht – aus Arbeitsüberlastung in den sechziger Jahren – der damalige Bischof das Amt des Diözesanbaumeisters neu besetzt hätte. Und wenn nicht mit dem Neuen ein Fan der Moderne mit heftigem Gestaltungswillen auf diesem Posten gelandet wäre, der eigentlich nur als Verwaltungsjob gedacht war.

Dann würde Eichstätt heute nicht der Pilgerort ganzer Klassen von Architekturstudenten sein. Dann würden im Sommer keine Menschen durch die Stadt streifen, die bewegt ergriffen die Fensterriegel im Institut für Journalistik betasten, vor den horizontalen Fugen moderner Haussockel niederknien, zu den Stahlträgern oben im Dachstuhl des Diözesanmuseums hinaufstarren. Die Architektur des bischöflichen Baumeisters strotzt vor delikaten Designdetails und meisterlicher Handwerkskunst.

1953 beendet Karljosef Schattner sein Studium an der TH München. Vier Jahre später wird er Diözesanbaumeister, der erste seit Ende des Barock. 25 von 35 Dienstjahren arbeitet er im Stillen, bis die Fachwelt ihn bemerkt.

Heute ist er eine Autorität innerhalb der Architekturszene, groß geworden durch das kleine Eichstätt. Überhäuft mit Ausstellungen, Publikationen, Artikeln, deutschen und internationalen Preisen. Er sitzt in Jurys und Kolloquien neben den Forsters, Gehrys und Bottas seiner Zunft. Neun Jahre nach seiner Pensionierung ist der 75 Jahre alte Kämpfer umgänglicher geworden, doch noch immer ist der Mann, dessen Amt nach Gottesdienst und Klosterarbeit klingt, ein unbescheidener Dickschädel, wenn es um die Qualität seiner Disziplin geht.

Die Stadt ist voll von Geschichten, Anekdoten, Gerüchten über ihn. Nein, geliebt haben sie ihn nie, auch nicht, als ihn die Fachpresse zu feiern begann. Warum sollten gerade die Eichstätter einen besseren Geschmack haben als andere in der Provinz? Und warum sollten gerade die Eichstätter nicht von der Häuslebau-Wut befallen sein, gegen die Schattner fortwährend zetert?

Doch um Volkes- und Stammtisch-Stimme hat Schattner sich nie geschert, seit er in den sechziger Jahren die damals maroden Repräsentationsgebäude der Kirche für die Universität umzuwandeln begann. Er brauchte es nicht.

Das Glück eines Diözesanbaumeisters ist ein Bauherr, der sich nicht um öffentliche Meinungen kümmern muss, nicht profitorientiert denkt und intellektuellen Begründungen gegenüber offen ist. Diese feudalistisch anmutende Amtsausführung des Bischofs hat eine erstaunliche Wirkung – ein barockes Amt macht Modernität erst möglich.

Schattner nutzt sein Glück: Stück für Stück gestaltet er die alten Bauten aus und um, entkernt sie, gibt ihnen neue Inhalte, lässt sich dabei gleichzeitig auf Vorhandenes ein, erhält die historische Substanz soweit wie möglich. Baut auch Neues auf der grünen Wiese. Doch in der Verbindung von Neu und Alt liegt seine Stärke, die er später frei nach Bach „Die Kunst der Fuge" nennt.

Den Namen Schattner kennt jeder in Eichstätt, und das macht das Leben nicht leichter für dessen Nachfolger. Der jetzige Diözesanbaumeister Karl Frey sitzt in seinem Büro

Putten in Pedettis spätbarockem Hofgarten. Eichstätt lebt von Kontrasten

Fließende Grenzen zwischen innen und außen: Bei der Universitätsbibliothek im Ulmer Hof verwirklichte Schattner sein Prinzip des trennenden Zusammenfügens. Neues wurde ins Alte hineingeschoben

oben unter dem Dach des Bischöflichen Ordinariats und arbeitet an den Entwürfen für die Neubestuhlung einer Kirche. In den hinteren Räumen türmen sich die Architekturmodelle, es gibt genug zu tun.

Was Schattner in Zeiten der Postmoderne zuviel an Pointen ersann, lässt Frey aus. Noch reduzierter, noch zisterziensischer sind seine Bauten. Schattner reagiert empfindsam auf Lob über Frey, Frey leidet an der Größe des Vorgängers – trotz erster Auszeichnungen. Das ist wie in den Mehrfach-Ehen, in denen die erste Frau die letzte nie leiden kann.

Freys Spuren sind in Eichstätt nur sehr vage auszumachen, verglichen mit dem, was sein Vorgänger hier hinterlassen hat. Schattners spannendstes Kunststück ist das Waisenhaus aus dem 18. Jahrhundert, heute Institut für Psychologie und Journalistik: Die historische Straßenfront ist geblieben. Über den früher getrennten Ost- und Westflügel hat er eine großflächige Verglasung gespannt. Mit Stahlbrücken und Hallen im Innern. Der hinteren Nordseite hat er eine glatte, streng gegliederte Fassade als weitere geometrische Dimension vorgesetzt. Rein, leicht, transparent, schlicht, präzise – keine andere Universität Deutschlands ist von so durchgeistigter, edler Schönheit. Wie studiert es sich an so einem Ort?

Auf die Frage nach dem Hörfunk- und Fernsehstudio des Fachbereichs Journalistik hatte die junge Frau im Studenten-Konvent nur kurz aufgeschaut und gesagt: „Der hässliche Kasten im Hofgarten." Der hässliche Kasten ist ein mit dem Mies-van-der-Rohe-Preis ausgezeichneter Bau.

„Ich wusste gar nicht, dass dies große Architektur ist", wundert sich Annette dann am Montagabend in der Redaktionskonferenz, die der Uni-eigene Radiosender einmal wöchentlich im Hörfunkstudio abhält. Die Ausstattung ist professionell, mit digitalem Schnittplatz, Mischpult, Computer. Jeden Dienstag senden die Studenten auf Frequenz 99,1. Ihre Beiträge befassen sich mit Wohngemeinschaften, Parkplatzproblemen, Konventsitzungen, aber Eichstätt als Stadt, sagen sie, nein, das sei nicht ihr Thema.

Die Studenten pendeln hierher, sie kommen aus der Umgebung, aus Ingolstadt, selbst München. In den Rankings, die die Qualität deutscher Hochschulen bewerten, liegt Eichstätt an der Spitze. Es gibt Studiengänge mit nur 25 Studenten pro Semester und Professoren, die immer Zeit haben. Eichstätt ist eine Arbeitsuniversität, der Traum aller ängstlicher Mütter wohl behüteter Töchter. Kein Zettelwahnsinn an den Wänden, keine verschlampten Semester ohne jeden Schein. Das Sortiment in den beiden Unibuchhandlungen zeichnet sich vor allem durch die Dominanz frommer Literatur aus: vom „Flügelschlag der Seele" bis zu „Christliche Feste, meditativ erfahren".

Romantische Sehnsucht aus den Zeiten des Erwachsenwerdens kommt hoch. Gedanken an damals, als man auf der Suche nach Wahrhaftigkeit sein Leben ganz der reinen Lehre, der Schönheit und dem Guten widmen wollte.

Wo früher eine Gasse durchs Alte Waisenhaus führte, erhebt sich heute eine Treppe

Schattner vor dem von ihm umgebauten Alten Waisenhaus, heute Institutsgebäude für Psychologie und Journalistik: Nottreppen aus Stahl als Stilelemente der Moderne

Und dann ist Eichstätt auf einmal wieder Kleinstadt. Am Samstag sitzen die Schüler bei Regen unter der Arkade des Gabrieli-Gymnasiums, in der Hand eine Bierflasche, und schauen runter auf den Marktplatz. Verliebte knutschen in der Hinterstube des Café Paradeis, während sich die Citoyens, die Lehrer, Architekten, Anwälte, Steuerberater, auf einen Cappuccino im L'in Contro treffen und über die 3,2 Millionen Mark diskutieren, die die Kirche für 500 Jahre alte Gobelinteppiche übrig hat.

Den Schülern ist Eichstätts Disco mit den Jahren öde geworden, also fahren sie in die nächste Großstadt. Aber richtig weg wollen sie auch wieder nicht, „München wär noch das kleinste Übel zum Studieren", sagt Markus, 20, Zivildienstler und Sohn des zweiten Bürgermeisters. „Das Schönste", sagt er, „ist der Sommer, Picknick oben bei der Willibaldsburg, und überhaupt kennt mich hier jeder." Metropolen sind gut für den Kick, Eichstätt ist Identifikation.

Am Sonntagabend, wenn der Nebel die Sonne mal wieder nicht hat durchkommen lassen, hocken die Mittvierziger in der Kneipe. Stöhnen über die katholische Hierarchienwirtschaft, die weicher sei als Watte. Darüber, dass keiner Kritik äußern darf, der nicht in dritter Generationen hier lebt. Irgendwann aber, nach dem dritten Seidel Eichstätter Hofmühlbier, das ihnen trotz allem besser schmeckt als jedes andere, holt sie die Stadt wieder ein.

Dann sind sie stolz darauf, wie sie's geschafft haben, den weltberühmten, verschollenen Renaissancegarten Hortus Eystettensis oben auf der Willibaldsburg wieder zum Blühen zu bringen, wie italienisch heiter die Plätze im Sommer sind, und eigentlich möchten sie nirgendwo anders sein.

Um Mitternacht schließlich wird deshalb der Ortsfremde noch einmal durch die Stadt geführt, verharrt hingerissen vor der einsam strahlenden Marienstatue auf dem Residenzplatz, versteht endlich die freche Korrespondenz von Pedettis und Gabrielis Bauten. Und begreift das Neue im Alten als unendliche Kette einer sich ewig fortsetzenden Bau-Geschichte.

Charlotte von Saurma *lebt als freie Autorin im Wendland.*
Albrecht Fuchs *ist freier Fotograf und lebt in Köln.*

MERIAN TIPP EICHSTÄTT

AUSKUNFT

1 TOURIST INFORMATION EICHSTÄTT
Kardinal-Preysing-Platz 14, 85072 Eichstätt, Telefon (08421) 98800, Fax 989030, E-mail: tourismus@eichstaett.btl.de

2 INFORMATIONSZENTRUM NATURPARK ALTMÜHLTAL
Notre Dame 1, 85072 Eichstätt, Tel. (08421) 98760, Fax 987654, E-mail: tourismus@naturpark-altmuehltal.btl.de

SCHATTNERS BESTE BAUTEN

3 EHEMAHLIGE FÜRSTBISCHÖFLICHE SOMMERRESIDENZ
Ostenstr. 24, im Semester Mo-Fr 8.30-19 Sa 8.30-12.30 Uhr 1974 Umbau des Schlösschens zum Verwaltungsgebäude der Universität. Freigelegtes Erdgeschoss mit großflächiger Verglasung

4 WILLIBALDSBURG
Burgstraße, April-Sept. 9-18 Uhr, Okt.-März 10-16 Uhr, Mo geschl. 1976 Umbau der alten Bischofsburg für die Sammlung des Juramuseums. Neue Emporen, Lichteffekte, unterschiedliche Oberflächen (Stuck, Putz, Backstein)

5 ULMER HOF
Pater-Philipp-Jenningen-Platz 6, im Semester Mo-Fr 8.30-19 Uhr, Sa 8.30-12.30 Uhr 1980 Neu- und Umbau zur Teilbibliothek 1 der Universität. Trennung und Verbindung alter und neuer Bauteile an den Nahtstellen sichtbar

5 DIÖZESANMUSEUM
Residenzplatz, Zugang über Mortuarium im Westflügel des Domkreuzes, April bis Oktober Mi-Fr 10.30-17 Uhr, Sa, So und Feiertage 10-17 Uhr, Mo und Di geschlossen Umbau des ehemaligen domkapitelschen Getreidekastens für die Sammlung christlicher Frömmigkeitsgeschichte: Kombination aus alten Bruchsteinmauern, neuer Stahlbetontreppe und Stahlfachträgern, fertig gestellt 1982

6 EHEMALIGES WAISENHAUS
Ostenstr. 25, im Semester Mo-Fr 8.30-19 Uhr, Sa 8.30-12.30 Uhr Umbau und Neubau des Fachbereich Psychologie und Journalistik der Universität, 1988: Zusammenfassung zweier älterer Häuser mit großem Straßengiebel durch freigelegte, glasüberdachte Zwischenzone.

7 DIÖZESANARCHIV
Luitpoldstr. 1, Besichtigung nur auf Anfrage: Telefon (08421) 799 Massiver, kühl eleganter Archivbunker (1992) mit weit auskragendem Flugdach und lang gestreckten Blindfenstern im Hof des Domherrenpalais

BAUTEN ANDERER ARCHITEKTEN

8 ZENTRALBIBLIOTHEK DER UNIVERSITÄT
Universitätsallee 1, im Semester Mo-Fr 8.30-19 Uhr, Sa 8.30-12.30 Uhr Filigrane Konstruktion aus Glas und Stahl (1987) in der für das Stuttgarter Büro Behnisch & Partner typischen Architektur

9 WILLIBALD GYMNASIUM
Schottenau 16 Neubau von 1993. Minimalistische Stahlkonstruktion der Architekten Schunk und Partner, München

Reflektion über neue Formen: Zentralbibliothek der Universität von Behnisch & Partnern

10 ALTES STADTTHEATER
Holbeinplatz/Residenzplatz Umbau des ehemaligen Getreidespeichers der Münchner Architekten Heide u. Theodor Hugues zum Kultur- u. Gesellschaftszentrum, fertig gestellt 1988

11 TEILBEREICHSBIBLIOTHEK 2 UND MAGAZIN DER UNIVERSITÄT
Am Graben 19, im Semester Mo bis Fr 8.30-19 Uhr, Sa 8.30-12.30 Uhr Umbau der fürstbischöflichen Reithalle vom jetzigen Diözesanbaumeister Karl Frey. Moderne, sehr distanziert wirkende Räume bei der Stadtmauer

SEHENSWÜRDIGKEITEN

12 RESIDENZPLATZ
Herzstück der barocken Stadtanlage: geschlossenes Ensemble aus Residenz (Treppenhaus, Rokoko-Spiegelsaal), Mariensäule, Hofkanzlei, Generalvikariat sowie Kavaliers-, Kanoniker- und Domherrenhöfen

13 DOM
Domplatz Imposante Hallenkirche (1350-1420) mit vielen kunsthistorischen Höhepunkten von der Frühgotik über Renaissance, Barock bis heute: Pappenheimer Altar, Buchenhüller Madonna, Moratorium, Sitzfigur des Heiligen Willibald

14 SCHUTZENGELKIRCHE
Leonrodplatz 1617 erbaute Jesuiten- oder Schutzengelkirche im festlichen Rokoko, gewidmet der theologischen Idee der Engelverehrung

15 KLOSTERKIRCHE ST. WALBURG
Walburgiberg Benediktinerinnenabtei von 1035 mit Barock- und Rokokoausstattung, Gruft der heiligen Walburga

4 HORTUS EYSTETTENSIS
Bastionsgarten der Willibaldsburg, April-Mitte Okt. Di-So 9-12, 13-17 Uhr, jeden 1. Sa im Monat Führungen um 10 Uhr 1998 ange-

legter Garten, der die Pflanzenwelt der vor 400 Jahren berühmten botanischen Sammlung des Fürstbischofs Johann von Gemmingen wieder aufleben lässt

16 MUSEUM BERGÉR
Harthof 1, Tel. (084 21) 46 63, Fax 90 55 91, Ostersonntag - 1. Nov., Mo bis Sa 13.30 - 17 Uhr Privatsammlung vieler seltener Fossilien aus der Umgebung

AKTIVITÄTEN

17 BOOTS- UND RADWANDERN
Fahrradgarage, Herzoggasse 3, Telefon (084 21) 21 10, Fax 90 51 65 Verleih von Fahrrädern und Kanus für Ausflüge in den Naturpark Altmühltal

16 FOSSILIENSAMMELN
Öffentlicher Steinbruch ca 3 km westl. vom Zentrum über B 13, Abzweigung Wegscheid Pflanzenzeichnungen findet man garantiert, Tintenfische und Ammoniten seltener. Werkzeug kann im nahen Museum Bergér ausgeliehen werden

HOTELS, PENSIONEN

18 HOTEL ADLER
Marktpl. 22 - 24, Telefon (084 21) 67 67, Fax 82 83, 38 Zi., DZ ab 160 Mark 300 Jahre altes Haus mit Tradition am Marktplatz, sehr gutes Frühstück. Innen eher vom Charme eines Großstadthotels

19 GASTHOF SONNE
Buchtal 17, Tel. (084 21) 67 91, Fax 898 36, 20 Zi., DZ ab 120 Mark Alter Gasthof, der in modernem Anbau gute Zimmer bietet. Stadtnah, freundlicher Service

20 HOTEL SCHIESSSTÄTTE
Schießstättberg 8, Tel. (084 21) 982 00, Fax 98 20 80, 26 Zi., DZ ab 110 Mark Etwa 5 Gehminuten vom Zentrum entfernt, freundlich und modern eingerichtet

RESTAURANTS, CAFÉS

21 ZUM AMMONIT
Luitpoldstr. 19, Tel (084 21) 29 29, Küche tgl. 9.30 - 2 Uhr, Hauptgericht ab 10 DM Gut besuchte Gaststätte mit bayerischer und fränkischer Küche

22 CAFÉ PARADEIS
Marktpl. 9, Telefon (084 21) 33 13, tgl. von 7.30 - 1 Uhr Haus mit perfekt restaurierter Architektur aus dem 17. Jh. Im Sommer Eichstätts schönste Sitzgelegenheit mit Blick auf das Markttreiben. Kuchen und leichte Küche

23 DOMHERRENHOF
Dompl. 5, Telefon (084 21) 61 26, Fax 808 49, Küche Di - So 11.30 bis 17 Uhr, 18 - 24 Uhr, Mo geschl., Hauptgericht ab 37 DM Feine Küche mit französischem Einschlag, serviert in alten Barockräumen. Die Gaststube mit dunkler Ledertapete war einst ein jüdischer Gebetssaal

24 L'IN CONTRO
Luitpoldstr. 20, Tel. 808 19 Mo - Sa 9.30 - 1 Uhr, So 13.30 - 1 Uhr Italienisches Café, in dem sich samstags nach dem Einkauf die halbe Stadt zum Cappuccino trifft

LITERATUR

Der Garten von Eichstätt. Das Pflanzenbuch des Basilius Besler. Taschen, Köln 1999, 69,95 DM Faksimile des großen Kupferstichbandes „Hortus Eystettensis" (17. Jahrhundert). Gezeigt werden 1100 Pflanzen des Apothekers Basilius Besler, dessen Blumenabbildungen berühmt geworden sind

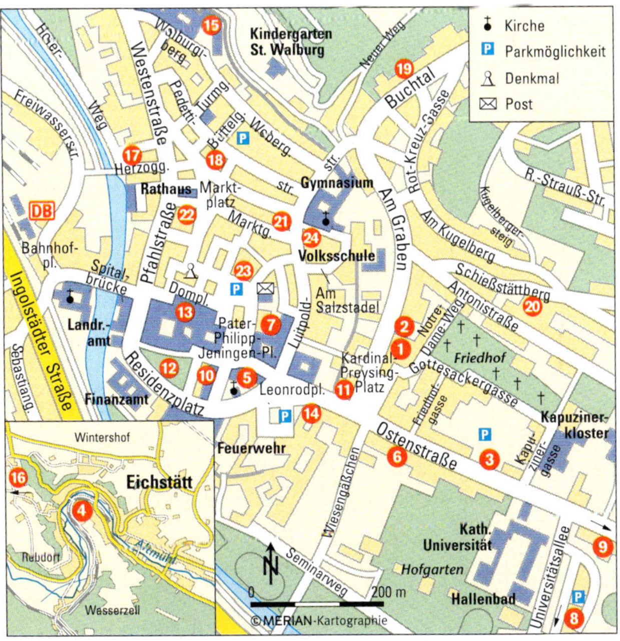

Schöne Wild

Sie strömt mit Macht durch Fels und wirkt dabei sanft. Die Ammer kann schön sein, wie hier bei Saulgrub. Ihr Lauf ist unberechenbar

e

Hinreißende Ammer. Sie wälzt sich im Bett hin und her, verschwindet und taucht mit anderem Namen wieder auf. Ein kapriziöser Fluss, den jeder schützen will. Das könnte ihn zugrunde richten

Text: Claus-Peter Lieckfeld

Fotos: Harald Reiterer

der Fluss muss etwas Besonderes sein. Das verrät schon ein Blick auf die Karte. Zweimal ist er völlig weg. Und dreimal wechselt er den Namen. Im Quellgebiet unterhalb des Ammergebirges heißt er Linder, taucht dann in meterdicker Geröllschicht unter, wird vor Oberammergau als Ammer wieder geboren, schlägt sich unter diesem Namen etliche Dutzend Flusskilometer nach Norden durch, nur um schließlich im Ammersee abzutauchen. Dabei bleibt es nicht: Ab Stegen fließt die Linder, alias Ammer, alias Ammersee nunmehr als Amper in ruhiger Bahn der Donau zu.

Nicht nur ihr Versteckspiel zeichnet die Ammer als einzige Wilde unter den Donauzuflüssen aus. Es ist ihre Schönheit, die hinreißend ist, wenn auch nur auf gerade mal einem Drittel ihrer 72 Kilometer langen Fließstrecke. Zwischen Kammerl, westlich von Saulgrub, und Wörth, südwestlich von Peißenberg, kämpft sich der Fluss durch Felsformationen, die auf gut geologisch Faltenmolasse heißen.

Man darf sich als Laie hilfsweise ineinander gestellte Steinschüsseln vorstellen, die erst mit abgeschwemmtem Alpenschotter gefüllt, dann gestaucht, gequetscht, gebrochen und schließlich um die Längsachse gekippt wurden. Erst kürzlich – kürzlich nach Maßstäben der Erdgeschichte –, vor rund 10000 Jahren, hat dann der Gletscherschub noch mal alles mit späteiszeitlichen Ablagerungen gedeckelt. Diese Steingut-Pastete mit glazialer Kruste hat die Ammer bis zu 100 Meter tief angeschnitten. Das Resultat ist so aufwühlend ästhetisch, dass sich die Flussschönheit ihrer vielen Liebhaber kaum noch erwehren kann.

Allen voran paddeln die Kanuten. Das Tor zu ihrem Paradies heißt Scheibum. Früher schoben hier Flößer unter Einsatz ihres Lebens Stämme durch die steinerne Flutpforte. „Schieb um!", schrien sie dabei, daraus wurde Scheibum, der Name eines Felskessels, ein paar Kilometer westlich von Saulgrub.

Heute schieben Freizeitabenteurer dort ihre Boote zu Wasser, an Spitzentagen über 200 an der Zahl. Diesen knallbunten, harmlosen Menschen liegt nichts ferner, als die Natur zu schädigen. Doch dummerweise wissen das die Flussuferläufer nicht – seltene, lerchengroße Watvögel, die auf Kiesinseln und gut geschotterten Flussabschnitten leben.

Wenn zu viele Wasserfreunde über die Steine rumpeln und an Schotterinseln anlanden, wenn sie am Ufer wassergefüllte Boote aus- und Energy-Drinks eingießen, sind die Bruten des Vogels gefährdet. Eier erkalten, wenn Altvögel zu häufig flüchten. Jungvögel, die auf ständige Leit- und Orientierungsrufe der Eltern angewiesen sind, reagieren kopflos, sobald sich die Eltern zurückziehen. Mindestens jede dritte der ohnehin seltenen Familiengründungen wird verhindert oder nachträglich ausgelöscht.

Nicht mit Absicht, natürlich nicht: „Die organisierten Kanufahrer sind meist einsichtig, halten sich an die vorgeschriebenen Befahrenszeiten und respektieren das Fahrverbot bei Niedrigpegel", lobt Uferläufer-Experte Michael Schödl. Aber, so fügt er bekümmert hinzu, es gebe eben auch Freizeitsportler, „für die Wasser ein Turngerät ist und weiter nichts".

Sie können noch so behutsam sein, zu viele Paddler tun der Ammer nicht gut. Meist an sonnigen Frühsommer-Wochenenden, wenn noch reichlich Wasser durch die Schlucht braust und alles in die Boote drängt, schlagen Schreckstunden – nicht nur für Flussuferläufer, Wasseramsel und Gänsesäger, sondern auch für die Fische. Das Stakkato heranschießender, großer Schatten zwingt sie zu beständigen Ausweichbewegungen und Fluchten. Die aber zehren Kraft, greifen Reserven an, die für anderes, etwa die Nahrungssuche, fest budgetiert sind. Ermattung bringt schlimmstenfalls den Tod.

Ermattung kann aber auch schützen – wenn sie den Menschen befällt. Wer die Ammer-Schlucht, abseits der wenigen, ausgewiesenen Zugänge durchwandern wollte, müsste schweißtreibende, teils gefährliche Kletterpartien hinter sich bringen – die Klamm schützt sich selbst vor dem Ansturm zu vieler Liebhaber.

Naturschützer wollen nichts dulden, was die natürliche Selbstverteidigung der Ammer gegen das Massenwesen Mensch schwächt. Nicht zuletzt deshalb treten sie auch den Forstleuten entgegen; die nämlich würden gern Holzabfuhrwege in die Flussuferwälder fräsen. Das aber würde unweigerlich Risse ins sensible Weichbild der Natur furchen, Hänge stärker rutschen und rieseln lassen und

Die Ammer ist ein Naturtalent. Sie bietet Anmut im Detail wie im Großen, an der Ettaler Mühle (o.l., u.r.) oder bei Saulgrub (o.r.). Sie bringt Arbeit für Fischer auf dem Ammersee und Abenteuer für Kanuten

Foto or: Tina Hager

außerdem Rückzugsgebiete von Uhu und Weißrückenspecht preisgeben.

„Nein", sagt Nikolaus Döhring vom „Bund Naturschutz Bayern" und Koordinator der „Ammerallianz", „das Gesamtsystem verträgt keine zusätzlichen Belastungen." Die „Ammerallianz" ist ein freiwilliger Zusammenschluss von Sport- und Naturfreunden, die alle mehr oder minder dem Grundsatz „Schutz durch Nutz" verpflichtet sind. Das ist nun mal eine richtig schöne Maxime! Ein klares Zeichen gegen den so genannten „Aussperr- und Käseglocken-Naturschutz" der Vergangenheit. Aber auch der neue Ansatz mündet in die alte Frage: Wessen Schutz zu wessen Nutz?

Soll, nein, darf zum Beispiel das Wasserwirtschaftsamt Weilheim das Schwemmholz großer Fluten liegen lassen? Stämme, Zweige, Büsche wären ohne Frage ein perfekter Verhau für Wasseramseln und Fischbrut. Oder dürfen die Wasserverantwortlichen genau diesen „Totholztrieb" nicht dulden, gilt es doch die Kanufahrer zu schützen, die zwar das Abenteuer suchen, sich deshalb aber nicht pfählen lassen wollen. Also, weg damit!

Und der Gänsesäger – auch weg damit? Der hocheffiziente Tauch- und Fischjäger ist für seine menschliche Konkurrenz – für all die Ammer-Wildwasserangler, die Fliegenfischer und Äschenspezialisten – ein Unglücksvogel, allenfalls dem Kormoran vergleichbar, der Fischern und Teichwirten das Leben schwer macht. Für die Naturschützer dagegen ist der Charaktervogel mit dem Sägeschnabel zu allererst ein bedrohter Brutvogel, der Anspruch auf seinen gesetzlich verbürgten Schutz hat.

In Wielenbach, wo der Gebirgsfluss zahm und begradigt dem Ammersee zustrebt, hat man den Gänsesäger eher auf der Schwarzen als auf der Roten Liste. Erik Bohl vom Institut für Wasserforschung sieht den Vogel „als einen ganz wesentlichen Bedrohungsfaktor". Bei den dramatisch wenigen Äschen, die noch im Fluss sind, fehlen ganz auffällig die Mittelgrößen, und das sind genau jene, die sich der Gänsesäger schnappt. An überlebenden Tieren erkannte man Verletzungen durch Schnabelgriffe.

Der Äsche, dem Pracht- und Sehnsuchtsfisch aller Fliegenfischer, wird ein angeborenes Verhalten zum Verhängnis. Während sich Bach- und Regenbogenforellen wo immer möglich Unterschlüpfe suchen, bevorzugt die Äsche freie Gewässerabschnitte und verlässt sich dabei auf ihre Sprintgeschwindigkeit. Die reicht gegen den Gänsesäger oft nicht aus.

Ist die Ammer-Äsche also vielleicht ein Auslaufmodell der Evolution? Ein Fisch, der im Wettlauf zwischen Jäger und Gejagtem verliert, so wie einige kurzbeinige sibirische Antilopen ausstarben, als die Taiga-Wölfe den schnellen Dauerlauf perfektionierten? Aber, lautet die Anschlussfrage, kann man, darf man, muss man den Dingen ihren Lauf lassen?

Wer sich vom Parkplatz südlich des Weilers Kreut durch dampfig-feuchte Leiten-Wälder bis zur Ammer hinabgewendelt hat, hin zu den Schleierfällen, wo die Ammer zu vollkommener Schönheit aufläuft, steht plötzlich vor Warnschildern und Wegsperren. Von den berühmten wasserdurchrieselten Kalkvorhängen geht Gefahr aus. Besucher, die sich im Neoprenanzug unter den Tuffmoosen duschen wollen, muss man amtlicherseits vor sich selbst, beziehungsweise vor lockergerütteltem Kalkgestein schützen. Es kam sogar der Vorschlag auf, das Naturdenkmal vorsorglich lieber gleich zu sprengen.

Damit es nicht zu solchen Verzweiflungstaten kommt, trat die Regierung von Oberbayern im April 1997 mit einem umfangreichen „Gesamtkonzept zur Regelung von naturschutzrelevanten Einflüssen auf die Ammerschlucht" hervor: eine intelligente – aber bisher folgenlose – Resolution, die der Ammer ihr Recht auf Wildheit bescheinigt. Sie soll sich ungehindert von einer Bettseite auf die andere wälzen dürfen; was sie mit einer Flutwelle aufgebaut hat in anarchischer Willkür mit der nächsten umwerfen dürfen; kurzum, sie darf ihre Urnatur, den stetigen Wandel, ausleben, ohne auf Mittelmaß und -pegel eingedämmt zu werden.

Soviele gute Beschlüsse, aber leider hilft das kaum. Darum abschließend ein Stoßgebet: In Schönheit sterben darf nicht der Lauf der Dinge sein. Nicht der Lauf der Ammer.

Claus-Peter Lieckfeld *ist Journalist und Buchautor und hat sich auf Naturthemen spezialisiert. Er lebt in Oberbayern.*

MERIAN TIPP AMMER

FÜR WANDERER

Anfahrt von Saulgrub über die Verbindungsstraße Richtung Kammerl (kleine Fahrstraße zweigt nördlich der Kreuzung Eisenbahn/Deutsche Alpenstraße nach Westen ab) bis zum Parkplatz direkt an der Ammer. Dort am östlichen Flussufer ein paar hundert Meter nach Norden zum Scheibum. Zurück zum Parkplatz, Ammer überqueren, dem Wanderweg am westlichen Ufer bis zu den Schleierfällen nordwärts folgen. Von dort entweder auf dem selben Weg zurück oder bis zur Soyermühle weiterwandern (zwei steile Anstiege). Bei der Soyermühle den Fluss überqueren und auf der gegenüberliegenden Seite dem Wanderweg zurück zum Kammerl (Parkplatz) folgen. Maximale Gesamtstrecke: ungefähr vier Stunden, unbedingt nötig: festes Schuhwerk, gute Kondition **B/C6**

FÜR RADFAHRER

Empfehlenswert ist die Strecke vom Kalkofensteg, Ausgangspunkt „Ammerknie", wo der Fluss seine Richtung von Süd/Nord abrupt auf West/Ost wechselt, bis Peißenberg. Tour mit Blick auf Schotterinseln, die streckenweise durch artenreiche Mischwälder führt **B/C5**

FÜR KURZBESUCHER

Wer nur Zeit für einen schnellen – aber eindrucksvollen – Blick in die Ammerschlucht hat, dem bleibt die Echelsbacher Melan-Brücke. Nördlich von Bad Bayersoien überspannt sie 76 Meter über Talgrund die Schlucht, die sich hier ins Molassegestein eingesägt hat. Bei Fertigstellung der Brücke konnte man 1929 einen Weltrekord feiern: Nirgends sonst gab es eine Stahlbetonbrücke vergleichbarer Bogenhöhe (32 Meter) und Spannweite (130 Meter) **B5**

Ludwig
Sup

es Königs Büste im Zentrum
ner handgenähten Stoff-
eerose. Ludwig Doll, der Vor-
tzende des Trachtenvereins
‹önig Ludwig“ in Berg, trägt das
rachtstück mit Stolz

erstar

Seit er vor über 100 Jahren tot im Starnberger See trieb, ist Ludwig II. unsterblich: Bayerns erster, berühmtester, einziger Popstar. Heute geht der König jeden Tag für seine Fans ins Wasser. Das Geschäft mit Ludwigs Erbe blüht

Text: Christof Siemes Fotos: Kalle Singer

Als es mit ihm zu Ende geht, wiegt er drei Zentner und hat nur noch sechs Zähne. Er isst und trinkt unmäßig. Nachts tigert er im Schein tausender Kerzen durch den Rohbau seiner 80-Zimmer-Behausung, die Tage verschläft er unter Tabletteneinfluß in einem Prunkbett. Seine Stimmung schwankt zwischen Euphorie und Selbstmitleid. Die wenigen Vertrauten schikaniert er mit absurden Bestrafungsritualen oder überhäuft sie mit Geschenken. Panisch sucht er auf der ganzen Welt nach Geld, um seine Eigenheim-Orgien zu finanzieren. Seine Untergebenen müssen nackt vor ihm tanzen oder für Aktfotos stille stehn. Schließlich wird er entmündigt, verhaftet, weggesperrt. Keine zwei Tage später treibt er tot im Starnberger See.

Seitdem ist er unsterblich. Bayerns erster, größter, einziger Popstar, der Elvis Presley des 19. Jahrhunderts: Ludwig II., the Kini. Vor der Beerdigung am 19. Juni 1886 in München defilieren bereits zehntausende Fans am offenen Sarg mit dem fein frisierten, wachsbleichen Fettklops in Paradeuniform vorbei, Millionen werden ihm in den nächsten Jahrzehnten verfallen. Nicht wegen seiner Songs natürlich – zuviel Gefühl, zuwenig Groove: „Der Möwe Gruß von fernem Strand / Zu Adlers Horst den Weg wohl fand“, beginnt ein Gedicht für seine Cousine und Superstarkollegin Sissi, Kaiserin von Österreich.

Nein, was bleibt, stiftet nicht der Dichter, sondern der Bauherr. Schon sechs Wochen nach seinem Tod wird Schloss Neuschwanstein, das Graceland des Wittelsbachers, gegen horrenden Eintritt für Besucher freigegeben. Seitdem haben sich schätzungsweise 45 Millionen Menschen durch das Hightech-Imitat einer Burg aus dem 13. Jahrhundert gewälzt; mittlerweile schützen mannshohe Plexiglasschilde entlang der Touri-Rennbahn das Schlossinterieur vor all dem Schweiß und Gegrabbel neugieriger Finger.

Auch den Verstand der Restmenschheit haben Neuschwanstein und sein einziger Bewohner okkupiert: Wenn irgendwo auf der Welt zwischen Japan und Disneyland ein Kind eine Burg zeichnen soll, malt es das Zinnenungetüm über der Pöllatschlucht. Und mehr als Brandenburger Tor, Berliner Mauer und Hofbräuhaus zusammen ist dieses Märchenschloss zum Synonym für Deutschland geworden: außen hell und innen düster, romantisch, perfektionistisch und größenwahnsinnig.

Der Mann, der es gerade mal 175 Tage bewohnte, der König, der vielleicht an der Syphilis und bestimmt an seinem Königtum irre wurde, bietet jedem eine 1a-Beschäftigungstherapie, Projektions-, Reibungs- und Reibachfläche: Monarchisten und Demokraten, Grünen und Schwarzen, Wehrdienstverweigerern und Uniformfetischisten, Homos und Heteros, Kunsthistorikern und Kitschisten, Trachtenvereinen und Punkrockbands, Wagnerianern und Musicalfreunden, Tourismusmanagern und Verschwörungstheoretikern. Und auch Albert und Josefine Widemann.

Die sind von allem ein bisschen, grün und heimatverbunden, friedensbewegt und königstreu, 86 und 84 Jahre alt. Sind Kopf, Herz und Seele des König-Ludwig-II.-Denkmals-Vereins München-Starnberg e.V.. Dessen wesentliche Aufgabe lautet, Vereinssatzung § 2, Abschnitt d: „Einschreiten gegen Verunglimpfungen König Ludwigs II. von Bayern durch Wort und Tat.“

Da haben die Widemanns und ihre knapp 30 Kampfgenossen einiges zu tun, denn wo der Kini ist, da ist der Schmutz nicht weit. Unzählige Flugblätter, Gutachten, Rezensionen, Richtigstellungen oder Resolutionen hat der ehemalige Oberinspektor bei der Sozial- und Unfallversicherung für bayerische Bauarbeiter auf seiner alten Contessa-Schreibmaschine getippt, immer gleich mit vielen Durchschlägen auf Pauspapier, der Feind ist zahlreich und überall.

Manchmal sitzt er sogar auf dem Sofa der Widemanns im denkmalgeschützten Schusterhäusle in Leutstetten, nicht weit vom Starnberger See. Luchino Visconti zum Beispiel, der berühmte italienische Regisseur. Nicht er selbst natürlich. Aber drei seiner Mitarbeiter wollten alles wissen, als

Natur hatte der König am liebsten schön künstlich wie in seinen Grotten

Muschelkahn auf beleuchtetem Teich und Tropfstein aus Gips: die Venusgrotte im Park von Schloss Linderhof

ihr Boss des Königs Leben 1972 verfilmte, nahmen Platz unter Franz von Lenbachs Porträt des jungen Königs und zwischen all den Büchern über ihn, die bei den Widemanns sogar auf dem Klo stehen.

„Ich hab' ihnen all mein Material gegeben", erinnert sich Widemann. Seine Beweise dafür, dass der König ermordet wurde, insbesondere seine Forschungsergebnisse über die Aufzeichnungen des königlichen Leibfischers Jakob Lidl, der Ludwig seinerzeit tot aus dem See zog, oder die eidesstattlichen Erklärungen von Leuten, die an Ludwigs letztem Rock zwei Einschusslöcher gesehen haben wollen. Das ist nämlich eines der Lebensthemen der Widemanns: zu beweisen, dass der König im Auftrag intriganter Beamter ermordet wurde. Soviel Material haben sie beisammen, „dass wir 150 werden müssen, um alles aufzuarbeiten. Eine offizielle Bestätigung der Mordtheorie bekommen wir aber nur, wenn es eine Revolution gibt."

Oder endlich das geheime Hausarchiv der Wittelsbacher oder der Sarg in der Münchner Königsgruft geöffnet und der Leichnam obduziert wird. Das fordert auch der Ludwig verfallene Amateurhistoriker Peter Glowasz aus Berlin, mit dem sich die Widemanns einen nicht immer fairen Aufklärungskampf liefern.

„Ist halt ein geschickter Preuße, wie Bismarck", sagt Widemann. „Er nimmt unser Material und veröffentlicht es in seinen Büchern." So schamlos wie die Filmfritzen, die Teile von dem Material nie zurückgegeben hätten. Macht nix – wenn da nicht der Film wäre. „Sie haben das Homosexuelle so rausgestellt. Das ist doch alles Lüge!"

Protestiert haben die Widemanns gegen die feierliche Premiere, an höchster Stelle und mit Erfolg. „Bundespräsident Heinemann ist nicht hingegangen, überhaupt kein Staatsbeamter." Nur einer fiel ihnen in den Rücken, Franz Josef Strauß, ausgerechnet. Der ging hin und will „nichts Unbayerisches gesehen" haben.

Aber mit der CSU haben die Widemanns eh genauso wenig am Hut wie mit den echten Royalisten, die Bayern wieder zur Monarchie machen wollen. Zwar stehen sie auf gutem Fuß mit den Wittelsbachern, man kennt sich, der Herzog schickt zum Geburtstag ein Telegramm. „Aber eigentlich sind wir 68er", sagt Josefine. Ihr Vater war ein Sozi, der Sohn ist Lehrer in Nigeria, und im Wohnzimmer mit der niedrigen Holzbalkendecke hängen neben den vielen Ludwig- und Sissi-Bildnissen das Porträt von Albert Schweitzer und ein Plakat mit dem Spruch des Häuptlings Seattle: „Was die Erde befällt, befällt auch ihre Söhne."

Fans der deftigen politischen Lieder von Georg Ringsgwandl waren sie – bis der dem König, ihrem Ludwig, mit

Foto: Brinkhoff/Mögenburg

Ludwig und Sissi als Musicalstars. Die Illusionsmaschine brummt

Untertitel „Sehnsucht nach dem Paradies": Julian Tovey und Gabriele Schmidt bei den Proben zum Ludwig-II.-Musical

einer schrillen Rockoper zu nahe trat. „Furchtbar war das. Ausgerechnet jemand, von dem man glaubte: Der hat Grips."

Für die Widemanns ist Ludwig keine Trash-Ikone und kein Star, auch wenn sie wie andere Fans die Stationen seines Lebens abklappern, die Schlösser natürlich und Bayreuth, und ihr Haus vollgestopft ist mit Devotionalien des Königskultes, einer großen Messing-Spieluhr, aus der heiser das Neuschwansteinlied scheppert, oder dem Gipsabguss von der rechten Hand des toten Königs, „am 14. 6. 1886 vom Königlichen Hofgipsformator Adolf Mark abgeformt in Schloß Berg", wie es das Schildchen unter dem blauen Samtsockel sagt, auf dem die Hand ruht – die hat Josefine ihrem Albert mal für viel Geld zum Geburtstag geschenkt.

Nein, für die Widemanns ist Ludwig nicht Pop, sondern der gute Mensch von Bayern, ein Volkskönig und Visionär, Freund der Juden und kleinen Leute, der Bismarck den Tipp gab, doch eine Sozialversicherung zu schaffen und am Maximilianeum Schüler aller Stände auf Kosten der Krone fördern ließ. Verschwendet hat er nur das Geld, das ihm persönlich zustand, und pleite war er nie, alles Verleumdung.

Wie für Millionen andere überzeugte Republikaner ist der König für die Widemanns, Quellenlage hin oder her, kein absolutistischer Herrscher und Spinner, sondern das Idealbild eines integren Staatsmannes, der lauter schöne Ideen hatte und dazu das Geld und die moralische Größe, sie zu unser aller Wohl umzusetzen. So lange, bis ihn ein korrupter, engstirniger Beamtenapparat kaltgestellt hat. Ludwig als deutsche Überfigur, die stets das Gute will – und es auch schafft. Das ist nicht reaktionär, sondern rührend.

Ach ja, für einen frühen Grünen halten sie ihn auch, weil er sich so gerne in die Bergeinsamkeit zurückzog. Dass er die Natur vor allem schätzte, wenn sie so künstlich ist wie die Grotten auf Schloss Linderhof und hinter seinem Neuschwansteiner Schlafzimmer, dass er die Berge nur ertrug, wenn luxuriöse Hütten nach seinen Plänen darin herumstanden, dass er für sein Zauberschloss mal eben eine Hügelkuppe in Form sprengen ließ, dass seine Lieblingstiere Pfaue waren, gebraten und mit Trüffeln gefüllt – das alles ficht die Widemanns so wenig an wie seine sexuellen Präferenzen.

„Früher erfuhr ich, dass Schanderl einen starken Bartwuchs hat und sich oft rasieren müsse, sieh ihn dir auf unbemerkte Art ganz an, vielleicht ist auch sonst der Haarwuchs stark", schrieb der König an seinen Marstallfourier Karl von Hesselschwerdt, der ihm nicht nur fesche Burschen, sondern auch Geld besorgen sollte. Die Briefe seien zumindest teilweise gefälscht, sagt Widemann, „schließlich gehörte Hesselschwerdt zu denen, die den König verraten haben." Die eigentliche Perversion ist für ihn, dass diese Machwerke unlängst für mehr als 100000 Mark versteigert wurden. Da wird es auf der nächsten Vereinssitzung, die wie jedes Jahr im Elysium-Zimmer des Münchner Ratskellers stattfindet, einiges zu besprechen geben.

Sein Leben lang, eigentlich noch länger, nämlich seit seine Mutter als Kind einmal dem Hündchen der Königinmutter über den Weg lief, währt Albert Widemanns „Ludwigelei". Zwei der mehr als 20 Ludwig-Denkmäler verdankt Bayern ihm und seinem Verein, beide in München, eins im Nationaltheater, eins in den Maximiliansanlagen; letzteres ist jetzt zum ersten Mal auf einem Stadtplan offiziell verzeichnet.

Ein Pyrrhussieg, denn auf jeden kleinen Erfolg kommen zehn Fälle für ein Einschreiten nach Paragraf 2d. Der Teddybär in des Königs Gala-Uniform zum Beispiel, *limited edition* von 999 Exemplaren für 149 Mark das Stück – ist das würdig und recht? Oder die Ölgemälde in allen Stilrichtungen, der Blaue-Reiter-Ludwig oder der symbolistische, sein nacktes Brustbild mit Schwan von rechts?

Das Material, in dem der ewig jugendliche Held noch nicht geformt ist, muss erst noch erfunden werden (den dicken König der letzten Tage will naturgemäß niemand sehen). Es gibt ihn auf Rinde und CD-ROM, auf Porzellan, Glas, Zinn, Schiefer, als Lupenmalerei auf Mammut-Elfenbein, aus Bisquitporzellan und handgeschnitzt in Blattgold gefasst; er wird serviert als Wein und dunkles Bier (das brauen seine Verwandten), als Obstler und im „Schlosshotel Linderhof" als Grilltopf.

Im Lauf der Jahrzehnte ist die Verbindung von Star und Fanartikel – auch das eine der Gesetzmäßigkeiten des Ruhms – immer weniger plausibel geworden, wie ein Unternehmen aus Füssen zeigt: Der „Royal Wedding Service" organisiert für In- und Ausländer Hochzeiten „auf den Spuren von Ludwig und Sissi". Dass sie seine Cousine war und er es nie weiter brachte als bis zu einem rasch gelösten Verlöbnis mit ihrer Schwester, stört offenbar niemanden.

Dass der König einmal in Frieden ruhen kann, weil irgendwann jeder Tourist alle Schlösser gesehen und jedes Andenken gekauft hat, steht nicht zu erwarten. Zwar jammert der Mann, der seit 35 Jahren am Schloss Linderhof aus der Kitschsehnsucht der Besucher Kapital schlägt, dass seine Opfer immer weniger werden und die digitale Wartezeitanzeigetafel vor seinem Laden irgendwann überflüssig sei. Aber Jammern gehört zum Handwerk.

Der Andrang ist immer noch gewaltig: 600000 Besucher im Jahr sieht der einzige zu Ludwigs Lebzeiten vollendete Bau, und weil heuer Passionsspiele im benachbarten Oberammergau sind, werden es noch einmal 300000 mehr sein. Der Händler hadert, weil der Nachwendeboom vorbei ist. „Da, sehen Sie, das Teeservice mit 22 Karat Goldauflage – das war ein Renner bei den Ossis. Aber das geht jetzt auch nicht mehr." Kleinkram, Fingerhüte, Hutnadeln würden noch gekauft, doch selbst die Bierkrüge, Renner von einst, stauben nun ein im Regal. Für ihn ist die Ursache klar: Wer kommt noch ins goldene Oberbayern, wenn ein Flug nach Thailand keine tausend Mark mehr kostet? Und die Amis

Ludwig ist ein Held. Sein Name edelt alles: Bierkrug, Grilltopf, Fingerhut

1 Der süße Ludwig: Nougattrüffel mit Königsbild
2 Kini-Kitsch: Heldenpose auf Untersetzern
3 Schloss-Souvenir: Neuschwanstein auf Mousepad

(„we'll ship for you around the world" steht im Fenster) sind auch Pfennigfuchser, denen das Nachschicken zu teuer geworden ist.

Aber auch die neue Knauserigkeit ändert nichts daran: Der König, den man wegen Geldverschwendung für unzurechnungsfähig erklärte, hält heute mit seinen angeblichen Spinnereien und den von ihnen ausgehenden Wertschöpfungsketten die Region am Leben. „Die ganze Gemeinde ist ein König-Ludwig-Fanclub", sagt zum Beispiel der Bürgermeister von Schwangau, Reinhold Sontheimer, der als kleiner Junge mal Ministrant auf Schloss Hohenschwangau war und O.W. Fischer bei den Dreharbeiten zu Helmut Käutners Ludwig-Epos bewunderte. „Damals war ich fünf Jahre alt und habe geglaubt, das ist der echte König."

600000 Übernachtungen beschert Ludwig seiner Gemeinde, die sich stolz „das Dorf der Königsschlösser" nennt und nichts zu tun haben will mit dem Etikett „Königswinkel", das die Nachbarstadt Füssen zu ihrem 700-jährigen Jubiläum der ganzen Gegend anpappen wollte. „Unser König wohnt doch nicht in einem Winkel!", findet Herr Sontheimer.

In Schwangau feiert man den Wohltäter zu jedem Geburts- und Todestag mit Gottesdiensten und König-Ludwig-Feuern oben am Tegelberg. Und vielleicht eifert man Ludwig auch in Sachen Open-Air-Konzerte nach. Der zwang nämlich am Alpsee regelmäßig Bedienstete in einen Kahn, von dem aus sie Wagner-Arien singen mussten.

Königliche Musik – die hätte Sontheimer haben können, im ganz großen Stil. Aber seine Gemeinde war dagegen. Und so ist ihr der gewaltigste Motor, den der ganze „Wir-schlachten-unseren-König-aus"-Betrieb je hatte, durch die Lappen und nach Füssen gegangen.

Mehr als hundert Jahre nach seinem Tod hat der König wieder gebaut, für rund 80 Millionen Mark. Na ja, nicht ganz er selbst. Aber in seinem Namen wurde in Sichtweite von Neuschwanstein am Ufer des Forggensees ein Musicaltheater errichtet, in dem seit dem 7. April 2000 der König täglich außer montags singend ins Wasser geht.

Ursprünglich sollte das Haus, geplant in Anlehnung an Gottfried Sempers Entwurf für das Münchner Wagner-Festspielhaus, in Schwangau gebaut werden. Aber die Gemein-

1 Lebensthema Ludwig: Albert und Josefine Widemann haben sich ganz der Pflege des königlichen Andenkens verschrieben

2 Ludwigs Büste vor einem Porträt seiner Mutter. In ihrem Haus haben die Widemanns für des Königs Belange überall Platz

3 Salut für den Märchenkönig: Füssens Böllerschützen feuern anlässlich der Uraufführung des Ludwig-II.-Musicals

deräte hatten wohl Angst vor den Autolawinen und vielleicht auch vor dem Stück, das den Kini endgültig zu einem weltweiten Markenartikel der Unterhaltungsindustrie macht. Jetzt kriegen sie nur die Krümel ab von diesem Riesenkuchen, der 420 Mal im Jahr vor 1380 Zuschauern aufgeschnitten wird, 300 neue Arbeitsplätze schafft und die Übernachtungszahlen in Füssen beinahe verdoppeln soll.

Sogar das Musical-Haus allein mit seinen Restaurants, Cafés und Biergärten ist zum Ausflugsziel geworden, obwohl es doch drei Viertel des Jahres bloß an einer riesigen Schlamm- und Kiesgrube steht: Der Forggensee ist zur Stromerzeugung lediglich von Mitte Juni bis Oktober mit Wasser gefüllt.

Erfunden hat das gewinnträchtige Spektakel ein Bayer, der Theatermann Stefan Barbarino. Schon als Kind geriet er in Ludwigs Sog: Regelmäßig führten ihn Schulausflüge in die Gnadenkapelle von Altötting, wo des Königs Herz in einer hübschen Urne aufbewahrt wird. Den erwachsenen, avantgardeerprobten Barbarino ließ die königliche Melange aus Barock, Volksnähe, anarchistischer Systemverweigerung und schwulem Künstlertum (das Stars von heute, Yves Saint Laurent oder Michael Jackson, als Leitbild dient) nicht mehr los. Mit Ludwigscher Besessenheit werkelte er sechs Jahre lang an seiner Vision, die der Bühnenbildner Heinz Hauser in 29 üppige Szenen fasste und der Komponist Franz Hummel mit einer genial eklektizistischen Musik zum Klingen brachte.

Ein ironisch gebrochener Königskult wird hier zelebriert. Echte Pferde, falsche Drachen, eine Tropfsteinhöhle aus aufblasbaren Plastikfolien und ein künstlicher See von 80 000 Litern – Ludwig hätte an der gewaltigen Illusionsmaschine, die hier brummt, seine Freude gehabt. Dass er allerdings selbst darin vorkommt als ewig träumendes Weichei, als Haschisch rauchender Liebhaber halbnackter Burschen, die in Lederhosen einen Schuhplattler Stepp tanzen, dürfte ihm so wenig gefallen wie Albert Widemann. Der war vor allem gespannt auf das Ende: Würde seine Mordtheorie durch die Kunst bestätigt werden?

Wird sie nicht. Kein Kampf mit dem Arzt, kein Schuss aus dem Hinterhalt, nicht mal ein Herzanfall. Ludwig schreitet ins Wasser und ward nicht mehr gesehen. Das ist so grandios und falsch wie die königlich-kristallene Weinkaraffe und der gläserne Füllfederhalter, die im Foyer als Andenken verkauft werden. Albert Widemann, übernehmen Sie!

Christof Siemes *ist Kulturreporter der* Zeit *in Hamburg. Zuvor war er Chefredakteur des* Zeit-Magazins.
Kalle Singer, *bayerisch-honduranischer Abstammung, lebt und arbeitet als freier Fotograf in Hamburg.*

MERIAN TIPP LUDWIGS SCHLÖSSER

Ettal
SCHLOSS LINDERHOF
Tel. (088 22) 920 30, Fax 920 311, tgl. 9-18 Uhr, April bis Okt. Do bis 20 Uhr, Außenobjekte (Grotte, Hundinghütte, Maurischer Kiosk, Marokkanisches Haus und Gurnemanzklause) von Mitte Okt. bis Anfang April geschl., Eintritt 11, erm. 9 DM, im Winter 8, erm. 6 DM Das luxuriös mit Samt, Plüsch und Kristall ausgestattete Schloss ist berühmt für die künstliche Venusgrotte im Park. In ihrem Innern verbirgt sich ein See, in dem schon zu Ludwigs Zeiten Wellen erzeugt werden konnten und auf dem sich der König in einem Muschelkahn treiben ließ. In der Phase seiner Begeisterung für den Orient kaufte Ludwig den ganz aus Eisen bestehenden „Maurischen Kiosk“, der den berühmten Pfauenthron beherbergt, sowie das „Marokkanische Haus“. Beide sind in den weitläufigen Parkanlagen zu besichtigen. Vom Parkplatz bis zum Schlosseingang etwa zehn Minuten Fußweg **B6**

Hohenschwangau
SCHLOSS NEUSCHWANSTEIN
Ticketcenter: Alpseestr. 12, Tel. (083 62) 93 08 30, Fax 930 83 20, April bis Ende Sept. tgl. 9-18, Okt. bis Ende März tgl. 10-16 Uhr, Eintritt 14, erm. 12 DM. Eintrittskarten sind nur im Ticketcenter zu erhalten, nicht am Schloss selbst. Die Karten gelten für eine Führung zu einer festgelegten Einlasszeit Neuschwanstein ist das bekannteste der Königsschlösser. An eine Ritterburg erinnernd, wurde es in Gedanken an germanische Heldensagen und als Huldigung an Wagners Opern konzipiert und eingerichtet. Höhepunkte sind der Sängersaal mit Szenen aus der Parzifal-Dichtung sowie der nie benutzte, 15 Meter hohe Thronsaal, der einer byzantinischen Basilika nachempfunden wurde. Am Parkplatz in Hohenschwangau warten Kutschen auf Besucher, die nicht mit einem etwa halbstündigen Fußmarsch die fast 200 Höhenmeter überwinden möchten. (Preis von Hohenschwangau zum Schloss 8 DM, zurück 4 DM) **A6**

Hohenschwangau
SCHLOSS HOHENSCHWANGAU
Ticketcenter: Alpseestr. 12, siehe Neuschwanstein Das 1837 fertig gestellte Schloss sieht man von Neuschwanstein aus mitten im Wald liegen, einst eine verfallene altgotische Burg, die Ludwigs Großvater, Ludwig I., wieder aufbaute. Ludwig II. verbrachte hier einen großen Teil seiner Kindheit. Auch Richard Wagner war auf dem Schloss zu Gast. Sehenswert sind unter anderem das Billardzimmer mit einer Ordensammlung und das Tassozimmer, das mit Motiven des italienischen Malers Torquato Tasso geschmückt ist **A6**

Herrenchiemsee
SCHLOSS HERRENCHIEMSEE
Tel. (080 51) 688 70, Fax 68 87 99, April bis Ende September 9-18, Oktober 9.40-17, November bis Ende März 9.40 bis 16 Uhr, Führungen finden im Sommer laufend, im Winter stündlich statt, Eintritt inkl. Besuch des Museums 11 DM, ermäßigt 9 DM Entworfen als „bayerisches Versailles“, übertrifft das Schloss auf der Herreninsel im Chiemsee das französische Vorbild in manchen Punkten sogar. Prunkstück ist die Spiegelgalerie mit 44 Standleuchtern und 33 Glaslüstern. Im König-Ludwig-II.-Museum sind neben Kunstwerken, die Ludwig in Auftrag gab, auch sein Königsmantel und seine Totenmaske ausgestellt. Ein französischer Garten umgibt das Schloss. Auf der Insel zu besichtigen ist außerdem das „Alte Schloss“, ein ehemaliges Chorherrenstift, in dem Ludwig sich für seine Besuche Privaträume einrichten ließ, die ebenfalls zu besichtigen sind. Die Überfahrt von Prien-Stock zur Herreninsel kostet hin und zurück 10 DM, erm. 5 DM, die Kutschfahrt von der Anlegestelle zum Schloss 4 DM, erm. 2,50 DM **I4**

Garmisch-Partenkirchen
JAGDSCHLOSS SCHACHEN
Telefon (088 21) 29 96, geöffnet Anfang Juni bis Anfang Oktober, Einlass mit Führung tgl. nur um 11 Uhr und 14 Uhr, Gruppen auch nach Vereinbarung, Eintritt 4 DM, erm. 3 DM. Das Jagdschloss ist nur zu Fuß über Elmau oder über die Partnachklamm zu erreichen. Der Alpengarten ist geöffnet von Anfang Juli bis Mitte September tgl. 8 Uhr bis 17 Uhr Der schweißtreibende drei- bis fünfstündige Aufstieg über Elmau (leichter) oder über die Partnachklamm (schwer, nur mit Bergausrüstung) lohnt sich: Hinter der schlichten Holzfassade des 1870 fertig gestellten Jagdschlosses verbirgt sich im ersten Stock der prächtige „Maurische Saal“. Der in rot, blau und gold eingerichtete Salon erinnert an ein Märchen aus „1001 Nacht“. Ludwig II. pflegte hier – in türkische Gewänder gekleidet – seinen Geburtstag zu feiern. Seine Bediensteten mussten sich dazu als Mohren verkleiden. Sehenswert ist auch der Alpengarten des Botanischen Gartens München, der bereits 1900 hier angelegt wurde und die Vielfalt der Alpenfauna zeigt **C7**

Frohe

In der Abtei Frauenchiemsee wandeln 36 Nonnen

Botschaft

auf neuen Wegen. Sie lassen sich sponsern, vermieten

inklusive

ihr Kloster und sind restlos ausgebucht

Text: Kathrin Sander
Fotos: Raffaele Celentano

bruch und Einkehr: Die Novizin begleitet einen Gast zum Steg,
Äbtissin studiert. Heute Kräuterkunde, Benedikts Regel jeden Tag

Weltoffener Klosteralltag: Schwester Scholastica checkt jeden Tag ihre E-mails, der Qi-Gong-Lehrer konzentriert sich am See, und die Hausmeister-Tochter ist gewöhnt an Frauen in Schwarz. Hoch über allem die Selige Irmengard hinterm Kirchenaltar

Stündlich ist Abfahrt vom Kleinod im See. Klostergäste bleiben zuweilen für Monate

„Wir öffnen unser Haus für Menschen, die Nonnen nur aus ‚Sister Act' kennen"
SCHWESTER SCHOLASTICA

Gestern abend hat die Äbtissin Qi Gong geübt. Mutter Domitilla wollte das schon immer mal versuchen, aber im Kloster ist sie nie dazu gekommen, obwohl fast jeden Monat ein Kurs angeboten wird. Jetzt war sie ein paar Tage im Krankenhaus, hat dort eine Hand voll Übungen ausprobiert.

Es habe sie nicht besonders beeindruckt, sagt die kleine 72-jährige Frau im schwarzen Habit mit dem großen silbernen Kreuz an der Kette. Sie sitzt in ihrem Sprechzimmer im Haupttrakt der Abtei Frauenwörth. Vom Fenster geht der Blick auf den Innenhof der trutzigen Klosteranlage, die ein Drittel der Fraueninsel im Chiemsee bedeckt.

Mutter Domitilla ist geistliches Oberhaupt des Benediktinerinnenklosters Frauenwörth. Wollte sie alles mitmachen, was in ihrem Kloster angeboten wird, dann würde sie sich in Ikebana üben und in Kalligraphie. Sie würde am Vergolderkurs teilnehmen und am Seminar für „Sacred Dance", mit Feldenkrais-Übungen ihr Körperbewusstsein schulen, Aquarelle malen und Patchworkstricken lernen.

Kloster Frauenwörth hat sich unter Mutter Domitillas Leitung in den letzten Jahren zu einem der gefragtesten Seminarzentren in Bayern entwickelt. Normalerweise hält sich die Äbtissin heraus aus Frauenwörths buntem Programm, bei Qi Gong war sie neugierig. Kaum ein Seminar ist schließlich so gefragt wie die Kurse in fernöstlicher Entspannungstechnik, die ein Berliner Psychotherapeut und Tantra-Lehrer in ihrem Kloster anbietet.

Sie hat keine Bedenken, dass ihr Haus Schaden nehmen könnte, durch Inhalte, die mit dem Katholizismus wenig zu tun haben. Gastfreundschaft gehöre zu den Prinzipien des benediktinischen Lebens. „Alle Fremden, die kommen, sollen aufgenommen werden wie Christus", zitiert sie aus der Regel des Heiligen Benedikt. Dieses knapp 1500 Jahre alte Werk aus 73 kurzen Kapiteln ist die Richtschnur, nach der die Schwestern in Frauenwörth ihr Leben gestalten.

Der Seminarbetrieb allerdings ist keine Sache der Barmherzigkeit, sondern ein durchaus reelles

n 1200 Jahren Klostergeschichte zeugen romanische Wandmalereien
der Basilika und die Gräber, die Schwester Franziska pflegt

Geschäft, und das liegt in den Händen von Schwester Scholastica. Die 55-jährige Britin hat in England, den USA und Österreich studiert und vor 15 Jahren auf Frauenwörth ihre Gelübde abgelegt. Ihre Tracht ist konservativ. Der schwarze Schleier steckt nicht wie bei den meisten anderen Ordensfrauen direkt auf dem Haar, statt dessen legt sich ein weißes Band streng um Stirn, Hals und Wangen, so dass nur das Oval ihres Gesichts zu sehen ist. An ihrem schwarzen Habit trägt sie einen Beeper, jeder kann sie anfunken im Kloster.

Wie ihre 35 Mitschwestern hat sie sich zu Gehorsam und klösterlichem Lebenswandel verpflichtet und die *stabilitas loci* gelobt, also die Bereitschaft, ihr Leben lang an einem Ort zu bleiben: im Kloster auf der Fraueninsel. Es sah eine Weile so aus, als würde daraus nichts werden, denn 1995 stand die Abtei vor der Pleite. „Das war die Zeit", sagt Schwester Scholastica, „als das Kloster seine Corporate Identity verlor."

Knapp 150 Jahre lang hatten die Benedikitinerinnen auf der Fraueninsel eine Schule betrieben und ein Internat. Sie hatten junge Mädchen zu Hauswirtschafterinnen und Kinderpflegerinnen ausgebildet, Gymnasiastinnen Mathe, Deutsch und Englisch beigebracht. Doch irgendwann wollten die Mädchen nicht mehr. Sie hatten genug davon, fünf Tage ihrer Woche in der Obhut von Klosterschwestern auf einer Insel zu verbringen, die sich in einer Viertelstunde umrunden lässt und außer landschaftlichem Reiz und ein paar Fischräuchereien nichts zu bieten hat. Sie wollten kniefreie Röcke tragen, fernsehen, Freunde treffen, und weil all das auf der Insel nicht ging, wurden die Anmeldungen spärlicher. 1995 verließen die letzten Mädchen die Insel.

„Es war eine schwere Krise", sagt Schwester Scholastica. „Die Schule war unser Aushängeschild und unsere finanzielle Basis, und auf einmal war beides weg." Drei Dutzend Nonnen saßen in einem Kloster, das so groß ist wie 100 Einfamilienhäuser, und wussten nicht weiter. Sie arbeiteten wie gehabt in der Likörkellerei, im Garten, in der Marzipanbäckerei, während der Großteil ihres Besitzes leer stand: abgewohnte, aber blank polierte Internatszimmer mit Furnierholzbetten, in die Strichlisten eingefräst waren. Count-down zu den großen Ferien.

„Sehen Sie zu, dass wir das Haus wieder voll bekommen", hatte die Äbtissin damals zu Schwester Scholastica gesagt. Und die legte sich ins Zeug. Sie holte einen Trupp Sträflinge aus dem Bernauer Gefängnis ins Kloster, die im Ostflügel die gröbsten Abbrucharbeiten übernahmen, und überzeugte ein bayerisches Chemieunternehmen, eine halbe Million Mark zu spenden. Andere Firmen zogen nach, es entstanden helle Zimmer mit Parkett und Biedermeiermöbeln und sogar eine Hochzeitssuite.

Mehr als 22 000 Übernachtungen hat Frauenwörth 1999 verbucht, ein Drittel mehr als im Vorjahr, die Tendenz geht nach oben. Die Räume sind Monate im Voraus ausgebucht. Mittlerweile kommen nicht nur Volkshochschulen und Pfarrgemeinderäte, auch Siemens und BMW. Konkurrierende Firmen lassen Abordnungen im Kloster Verträge aushandeln, Mediziner aus Harvard und München tauschen Ergebnisse aus.

Die Schwestern sind in eine Marktlücke gestoßen: Der Kommunikationsbedarf wächst, Firmen wollen tagen, verhandeln, ihre Mitarbeiter coachen, aber all das nicht mehr in leicht sterilen Seminarhotels am Stadtrand, sondern dort, wo sich eine trockene

Schwester Veronika zündet ein Licht an in der Klosterkirche. Gäste staunen oder beten hier

„Das Klosterleben taugt nicht zur Weltflucht. Wer es draußen nicht schafft, scheitert auch hier" SCHWESTER HANNA

Tagung zum Erlebnis stilisieren lässt: ein Zimmer mit Seeblick, dicke Klostermauern, eine kleine Insel ohne Autolärm und ein paar echte Nonnen, die durch die Gänge wandeln.

Warum auch nicht? Berührungsängste muss man abbauen, das ist Schwester Scholasticas Philosophie, und deshalb hat sie auch Nicky Sitaram Sabnis ins Kloster geholt, den Koch aus Bombay, der Hindu ist und die Gäste mit indischem Essen versorgt. Schließlich ziehen Gruppen, die zum Meditieren oder Selbstcoaching hierher kommen, meistens exotische Küche der bayerischen Haxe vor. Seit einem Jahr gibt Sabnis auch Seminare im Kloster: Kochkurse für ayurvedische Kost.

„So jemand wie Nicky hätte in einem anderen katholischen Kloster wahrscheinlich nicht mal den großen Zeh in die Tür bekommen", sagt Schwester Scholastica. „Aber was hätten wir gewonnen, wenn wir nicht mit ihm zusammenarbeiten würden?" Das neueste Projekt ist ein Kraftraum im Kloster. An den Geräten sollen die Seminargäste ihre Muskeln trainieren, die Inselbewohner auch und natürlich die Schwestern. Der Klosterhausarzt hat zugesagt, er werde eine Schwester zur Trainerin ausbilden.

Kraftraum, Selbstcoaching, Hochzeitssuite – für manche Ordensfrauen ist das alles ein bisschen viel. Nicht, dass sie rebellieren gegen den neuen Charakter von Frauenwörth, es musste schließlich irgendwie weitergehen. Aber die Wehmut steht ihnen ins Gesicht geschrieben, wenn sie von früher erzählen.

Die sanfte Schwester Clara zum Beispiel hat früher Kurzschrift unterrichtet. Heute führt sie das Gästehaus von Frauenwörth, ein barockes Gebäude, das, wie sie betont, mit dem Seminarbetrieb nichts zu tun hat. Hierher kommen Menschen, die für eine Weile Halt suchen im klösterlichen Leben, wie die Hauptschullehrerin mit Burn-Out-Syndrom, die schon seit ein paar Monaten hier wohnt, oder die Dame, die von ihrem Mann ein paar Tage vor der Silberhochzeit verlassen wurde.

Schwester Clara zeigt stolz die zehn Zimmer, streicht in einem auf dem Sofa eine Falte glatt, stellt in das andere ein paar Blumen zur Dekoration, weil heute Nachmittag neue Gäste ankommen. „Bei mir ist alles etwas altmodischer", sagt sie, „nicht so modern wie in den neuen Zimmern. Aber mir gefällt es so."

Oder Schwester Magdalena, die 20 Jahre lang Schulleiterin war und jetzt den Klosterladen leitet und Hinterglasbilder malt. „Die Kinderpflegeschule hätte weiterlaufen können. Der Beruf ist immer noch begehrt", sagt sie. Es ist ein vorsichtiger Tonfall, in dem die Ordensfrauen von der „Umstrukturierung" ihrer Abtei reden. Das Kloster ist für sie weit mehr als eine Firma, die ihren Lebensunterhalt sichert. Wer Kritik übt, stellt nicht nur seinen Arbeitsplatz in Frage, sondern automatisch sein ganzes Leben. Schwester Scholastica ist am deutlichsten, wenn sie sagt, dass „eine Vielzahl unthematisierter Identitätskrisen" damals hochgekommen sei.

„Wir alle sind in einen Orden mit einer blühenden Schule eingetreten", sagt Schwester Benedikta. „Es ist nicht leicht, das zu verschmerzen." Sie ist die Cellerarin von Frauenwörth, und damit verantwortlich für die Finanzen der Abtei, die laut Satzung wirtschaftlich autark sein muss. Die katholische Kirche hilft nur punktuell.

Auf ihrem Schreibtisch liegt ein Gutachten, das den Sanierungsbedarf des Klosters feststellt. 14,7 Millionen Mark würde eine Generalüberholung kosten. So viel Geld hat Frauenwörth bei weitem nicht, obwohl die Lage längst nicht mehr so düster ist wie vor fünf Jahren. Seminargäste zahlen Miete, der neue Klostershop mit 120 Quadratmetern Ladenfläche macht guten Umsatz, und dann ist da noch das Klostercafé, in dem die Schwestern einst selbst Kaffee und Kuchen servierten. Jetzt ist es verpachtet an einen Kneipier aus München.

Schwester Benedikta hätte sich damals nicht unbedingt Bernhard Nees als Pächter ausgesucht, der jetzt im „Klosterwirt" Popmusik spielt, lange Haare hat, einen Ohrring und einen Drei-Tage-Bart. Aber als der dann fragte: „Was ist Ihnen lieber, Schwester, ein ordentlicher Haarschnitt oder ein guter Gastronom?", da hat sie eingewilligt.

Dass er mal mit Nonnen zusammenarbeiten würde, hätte Nees sich früher nicht im Traum ausgemalt, aber im Großen und Ganzen ist er zufrieden. Im Sommer sind die 500 Plätze von Touristen besetzt,

Aus freiem Willen hinter Gittern. Jede Schwester gelobt, ihr Leben lang zu bleiben

„Für junge Frauen gewinnt der Ruf zur Nonne hier neuen Reiz“ MUTTER DOMITILLA

im Winter kommen immerhin die Seminarteilnehmer, und wenn er mal eine große Gesellschaft im Haus hat, lassen sich die Gäste über Nacht im Kloster unterbringen. Allerdings könnten die Schwestern seiner Ansicht nach ruhig etwas weltlicher werden, was die Geschäftsführung angeht. „Wenn die Scholastica mal vier Wochen in ein Stadthotel ginge, um da mit der Hausdame mitzulaufen“, sagt er, „das würde schon eine Menge bringen.“

Wahrscheinlich würde die Hausdame bald aufgeben, denn still hinterherzulaufen ist Schwester Scholasticas Sache nicht. In ihrem Büro hat sie drei Schreibtische, jeder voll gepackt mit Akten, Notizzetteln, Post. Dazwischen stehen Fax, Kopierer, Computer, zwei Telefone und ein Rattansessel, auf dem ein Haufen Flickwäsche liegt. Sie sei zur Managerin geworden, sagt sie, aber Ordensfrau geblieben. Jedes Seminar habe etwas Spirituelles. „Indem wir uns Gästen von außen öffnen, zeigen wir, dass christliches Leben noch einen Platz hat in der Welt.“ Es stört sie nicht, dass Gäste sie oft anstarren wie ein Tier im Zoo. „Viele kennen Nonnen eben nur aus *Sister Act*“, sagt sie.

Das Leben im Kloster Frauenwörth pendelt zwischen Gegenwart und Mittelalter, mindestens viermal am Tag. So oft kommen die Schwestern zum Gebet in der Klosterkapelle zusammen. Sie singen Choräle und Psalmen, je nach Tageszeit auf Lateinisch oder Deutsch. Das erste Mal morgens um viertel vor sechs. Mit gesenktem Kopf treten sie paarweise vor den Altar, verbeugen sich vor dem Kreuz und voreinander. Dann gehen sie zum Frühstück ins Refektorium, schweigen dabei wie bei jeder Mahlzeit und wie jeden Abend nach der Nachthora ab halb neun Uhr.

„Es wird sowieso zu viel geredet“, sagt Schwester Hanna. „Überlegen Sie nur, wieviel Unheil gibt es in der Welt, nur weil unüberlegt gesprochen wurde?“ Schwester Hanna ist der Webmaster von Frauenwörth. Gerade hat sie die Kloster-Homepage umgestaltet und für die Abtei eine neue *domain* eingerichtet. Unter ihrem schwarzen Schleier lugt der blonde Pony hervor, jung sieht sie aus für ihre 41 Jahre. Mit gefalteten Händen sitzt sie am Tisch und erklärt leise, aber bestimmt, dass man, um etwas Neues zu gewinnen, etwas Altes aufgeben muss. Im Falle eines Klostereintritts eben Eigentum, Mobilität und ein gewisses Maß an Selbstbestimmung.

Wenn sie die Insel verlassen will, muss sie die Äbtissin um Erlaubnis bitten, selbst wenn sie nur mal einen Spaziergang geradeaus machen möchte statt der ewigen Inselrunde. Trotzdem habe sie sich noch keine Minute gelangweilt im Kloster in den letzten 13 Jahren: „Unsere Tage sind so ausgefüllt, dass wir nichts vermissen. Was wir in den Psalmen besingen, ist die gesamte Spannbreite menschlicher Gefühle. Liebe, Angst, Wut.“

Das klingt nach recycletem Empfinden, nach Gefühlen aus zweiter Hand. Und trotzdem muss etwas abfärben auf die Besucher von draußen, sonst würden nicht so viele fragen, ob sie mal mitkommen dürften zum Chorgebet der Schwestern in die Kapelle. „Gott, Du weißt, was ich von der katholischen Kirche halte“, hat vorgestern einer in das Gebetbuch der Basilika von Frauenwörth hineingeschrieben, „aber trotzdem vielen Dank für alles.“

Fast immer geht irgendein Gast den breiten Gang entlang, der die Klausurräume der Schwestern mit dem Seminartrakt verbindet. Ölgemälde aller Äbtissinnen hängen dort, angefangen bei der Seligen Irmengard, die bis zum Jahr 866 das Kloster leitete. Ganz hinten links hängt Mutter Domitillas Bild, am Ende einer merkwürdig zeitlosen Riege von Frauen aus 1200 Jahren, die alle gleich gekleidet sind. Verschiedenen Epochen sind sie nur dadurch zuzuordnen, was für Brillen sie tragen und wie alt die Farbe auf den Leinwänden wirkt. Die Zeit ist das Gegenteil von schnelllebig hier.

Ein paar Zimmer weiter sitzt Schwester Scholastica in ihrem Büro und telefoniert. Das Fernsehen möchte gerne mit einigen Prominenten ins Kloster kommen, sie kenne doch bestimmt die Sendung. Nein, antwortet sie, sie habe in den letzten 15 Jahren kein Fernsehen geschaut, und der einzige Fernsehstar, den sie kenne, sei der Papst. Und das reicht ihr.

Kathrin Sander, *Redakteurin dieses Heftes, ist Mitglied der* MERIAN-Redaktion.
Raffaele Celentano *arbeitet als freier Fotograf. Er lebt in München und Sorrent.*

In dieser Halle hätten Wissenschaftler so manche Weltraumkatastrophe in den Griff bekommen. Unfälle auf einer Raumstation im All hätten sie hier am Computer durchgespielt und behoben und sich so für den Ernstfall gewappnet. Aber dann fehlte das Geld. Jetzt ist die Simulationshalle, kurz SIM-Halle genannt, im Raumfahrtkontrollzentrum Oberpfaffenhofen der Saal für festliche Anlässe. Der bietet Platz für 250 Gäste und angemessene Dekoration: Von der Decke hängt ein Nachrichtensatellit, und auf der Bühne steht ein Space-Lab-Modul.

An diesem Abend drängen sich Gäste im Saal. Die Wissenschaftler geben sich aufgeräumt, und auf der Großleinwand knattert eine amerikanische Flagge im Wind. In einer Stunde soll vom Cape Canaveral ein Spaceshuttle starten. Auftakt einer Mission, in die das Raumfahrtzentrum Oberpfaffenhofen große Hoffnungen setzt.

Mitten im Gewühl steht Ulf Merbold, mit drei Aufenthalten im All dienstältester deutscher Astronaut. Per Knopf im Ohr ist er mit der NASA verbunden. „Ulf, wie sieht's aus?", fragt jemand im Saal. Leider, muss Ulf berichten, sieht's trübe aus. Computerprobleme. Der Countdown wird unterbrochen, in Florida regnet es Bindfäden, in Oberpfaffenhofen treten die Gäste ans Buffet.

Es wird nichts mehr mit dem Start an diesem Abend. SRTM, die Shuttle Radar Topography Mission, wird verschoben, nicht zum ersten Mal. Seit über zwei Jahren arbeiten Radar- und Raumfahrtexperten an dem Großprojekt, das die erste dreidimensionale Weltkarte der Erde hervorbringen soll. Mit zwei Radaranlagen gleichzeitig, eine davon entwickelt in Oberpfaffenhofen, will man die Erde sozusagen in Stereo vermessen. Ein 56 Meter langer Antennenmast soll vom Shuttle ausgefahren werden; keiner weiß, ob die Statik der Konstruktion den Gravitationsbedingungen im All standhält. SRTM birgt Risiken, es kann leicht etwas schief gehen.

So wie damals bei Abrixas. Das Bild des schwarzen Raben, das vor ein paar Monaten noch in der SIM-Halle lehnte, haben sie inzwischen weggeräumt. Sein Name ist ein Kürzel. Abrixas steht für *A broad-band imaging X-ray all-sky survey,* zu deutsch: ein Abscannen des Himmels via Röntgenstrahlen. Der Rabe war Maskottchen für einen Forschungssatelliten, der den Himmel auf Schwarze Löcher, Neutronensterne und Supernova-Überreste untersuchen sollte. Leider ging er im All verloren.

Am Abend des 28. April 1999 wurde Abrixas vom südrussischen Kapustin Yar aus in die Luft geschossen. Keine vier Stunden später stimmte die Batteriespannung nicht mehr, knapp zwei Tage danach riss die Verbindung ab. Seitdem fliegt Abrixas unkontrolliert im All herum, ausgestattet mit dem eigens für ihn entwickelten Röntgenteleskop, in das Dutzende von Experten ihr Know-how gesteckt haben. Mission gescheitert. 40 Millionen Mark umsonst in die Atmosphäre geschossen.

Es hätte leicht ein Vielfaches sein können. „Vergleichbare Projekte kosten sonst mindestens zehnmal soviel", sagt Thomas Weyer. Zum ersten Mal habe man bei dieser Mission die Prioritäten verschoben, habe nicht so sehr auf die Fertigung geachtet, sondern auf den Preis. „Amerikanische Raumfahrtphilosphie", sagt Weyer. „Schneller, billiger, aber leider nicht besser."

Thomas Weyer, promovierter Ingenieur, ist Chef der Öffentlichkeitsabteilung beim Deutschen Luft- und Raumfahrtzentrum, Stützpunkt Oberpfaffenhofen. 1100 Angestellte arbeiten hier, knapp 400 davon sind Wissenschaftler: Physiker, Geowissenschaftler, Hochfrequenztechniker, zu 95 Prozent Männer.

Der Großteil von ihnen pendelt jeden Morgen aus München oder Landsberg zu der Ansammlung weißer Kastenbauten, auf deren Dächern riesige Antennen stehen. Acht Institute haben auf dem 245000 Quadratmeter großen Areal, eine halbe Autostunde westlich von München, ihren Sitz, jedes mit eigenem Fachgebiet: Optoelektronik, Physik der Atmosphäre oder Robotik und Mechatronik. Das Raumfahrt-Kontrollzentrum ist eins von ihnen.

Fotos: DLR, Peter Thomann

ein händchen fürs

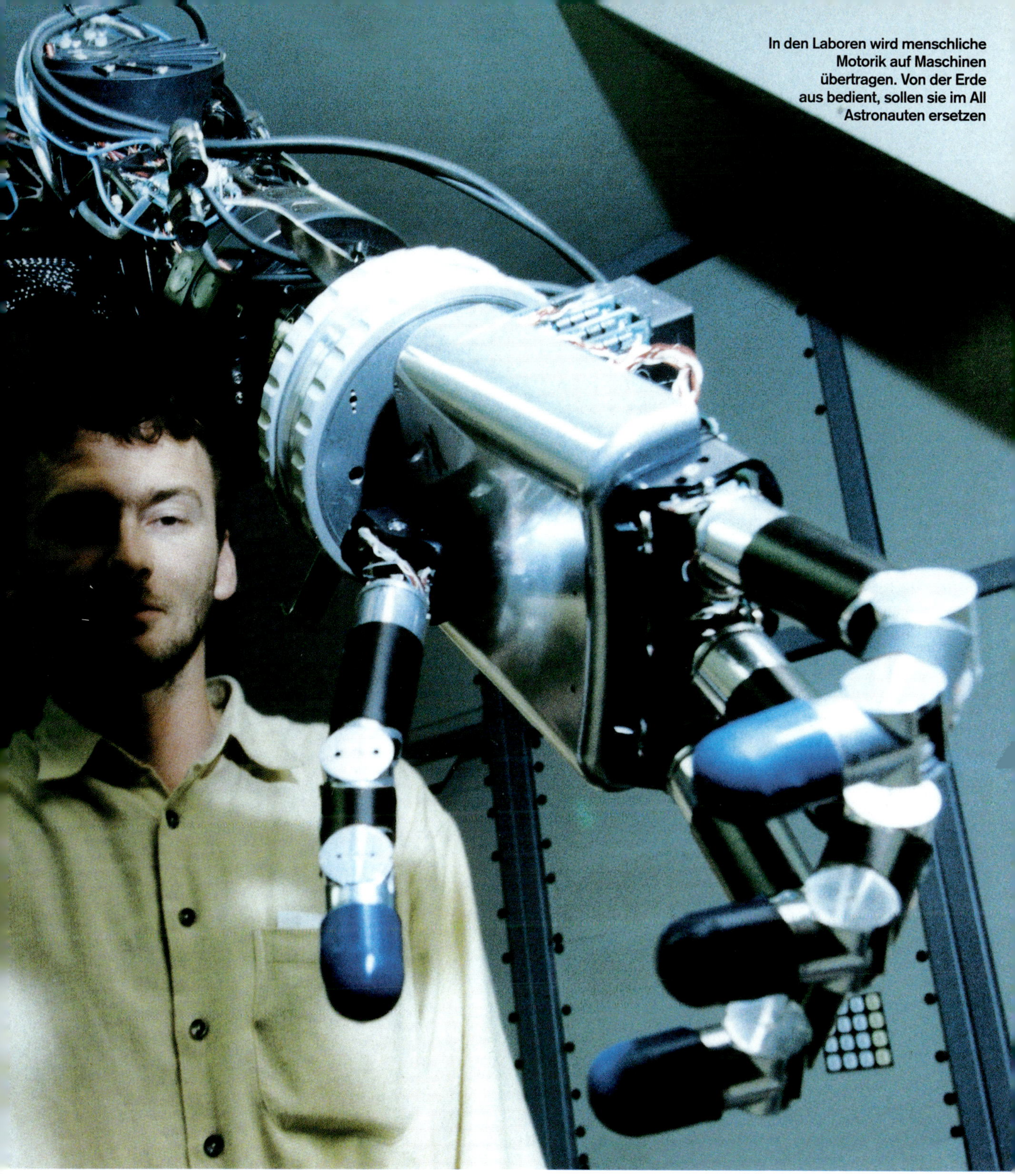

In den Laboren wird menschliche Motorik auf Maschinen übertragen. Von der Erde aus bedient, sollen sie im All Astronauten ersetzen

all

IN OBERPFAFFENHOFEN KÖNNEN MASCHINEN ERFÜHLEN, WAS MENSCHEN BERECHNEN. DURCH GELD UND GEDULD KOMMT DER WELTRAUM GREIFBAR NAH

Text: Sibylle Henckel

Die Sache mit Abrixas ist ein eher störendes Detail fürs Image eines Instituts, das sich behaupten muss im Konkurrenzkampf der Hightech-Branche. Eine Episode, über die nicht mehr viel geredet wird. Lieber von den Dingen erzählen, die funktioniert haben; von den mehr als 30 Missionen, die seit 1969 von Oberpfaffenhofen aus erfolgreich betreut wurden. Oder an den Jubel erinnern, damals am Ende der MIR-97-Mission, als die Bodencrew im Kontrollraum saß, unscharfe Bilder aus der kasachischen Wüste sah und über Sprechfunk hörte, dass die Astronauten per Fallschirm sicher auf der Erde gelandet waren.

heute, an einem Dienstagmorgen ohne laufende Mission, sind die Kontrollräume leer und dunkel. Vom Flur aus sieht man durch Glas in die tieferliegenden Säle, schaut auf Reihen von Computern, Displays, Konsolen und Monitoren hinunter. Nichts ist zu spüren von der Spannung, die hier in kritischen Momenten herrscht. Nichts von der Konzentration, mit der von hier Kommandos gegeben, Maschinen gesteuert, Rekorde angepeilt werden.

Rekorde, wie SRTM einer werden soll. Geht alles gut, dann wären Shuttle samt Mast die längste starre Konstruktion, die je in den Orbit befördert wurde, die erworbenen Daten von einer nie dagewesenen Genauigkeit: bis auf sechs Meter exakt. Solche Premieren bringen Prestige. Längst sind die Zeiten vorbei, in denen jedes Weltraumprojekt im Land automatisch vom Raumfahrtzentrum in Oberpfaffenhofen betreut wurde. Vor allem Satellitenstarts sind mehr und mehr Privatsache von Unternehmen. Deren Chefs beauftragen den günstigsten Bewerber, und ob der in Bayern, Frankreich oder den USA sitzt, ist den Geldgebern egal.

Es geht dem Stützpunkt Oberpfaffenhofen nicht schlecht, das sagt Weyer mit Nachdruck. Die „private-public partnership" läuft gut. Jede dritte Mark, die in Oberpfaffenhofen umgesetzt wird, stammt aus der Industrie. Das Deutsche Luft- und Raumfahrtzentrum (DLR) ist zweitgrößter Arbeitgeber der Region, ein Institut mit Renommé, eine Kaderschmiede. Zwar wandern Experten ab, da die Industrie höhere Gehälter zahlt, gerade für Jungwissenschaftler ist das Zentrum aber nach wie vor ein exzellentes Karrieresprungbrett.

In Bereichen wie Raumfahrt oder Robotik zählt das DLR zur Weltspitze, darauf ist man stolz. 1993 zum Beispiel bei der D2-Spacelab-Mission waren es Oberpfaffenhofens Robotik-Spezialisten, die die internationale Raumfahrt ein Stück weit revolutionierten. Experten in Japan, Kanada, den USA schüttelten die Köpfe, als sie hörten, dass die Bayern erstmals von der Erde aus einen Roboter im Weltraum fernsteuern wollten.

Absolut unmöglich, hieß es, weil die Signale vom Raumschiff verzögert am Boden eintreffen und auch die Bodenbefehle mehrere Sekunden für den Weg ins All brauchen. Sollte der Roboter zum Beispiel einen Würfel einfangen, dann würde der längst an einem anderen Ort als berechnet schweben, wenn das Kommando-Signal vom Boden im Raumschiff angekommen ist. Die Techniker in Oberpfaffenhofen ließen nicht locker. Sie mieteten sich schwere, unförmige Brillen für 3000 Mark das Stück, die ihnen das räumliche Sehen am Bildschirm ermöglichten, und bauten einen Monitor, der die Situation im Raumschiff so zeigte, wie sie in wenigen Sekunden sein würde. Man simulierte Zukunft, war der Gegenwart sieben Sekunden voraus.

Es funktionierte. Rotex, so hieß der Roboter, erfüllte alle ihm aufgetragenen Aufgaben. Das DLR festigte seinen Ruf als einer der wichtigsten *Think Tanks* der Welt für Schnittstellen zwischen Mensch und Maschine.

Professor Gerd Hirzinger, ein Mann mit konzentriertem Blick und hoher Stirn, ist seit acht Jahren Chef des Instituts für Robotik. Durch die Gänge seines Labors laufen keine blechernen Gestalten mit metallischen Stimmen, stattdessen sitzen 75 Mitarbeiter mit leichten Polarisationsbrillen vor ihren Bildschirmen und füllen die Monitore mit asymmetrischen Formationen grafischer Elemente. Was aussieht wie ein verfremdeter Kandinsky in blau und weinrot ist die virtuelle Darstellung einer künftigen Raumstation.

Der Stolz des Instituts steht hinter Glas mitten im Labor: die *articulated hand,* die weiterent-

DIE RAUMFAHRT HAT EIN IMAGEPROBLEM. DESHALB DIE JAGD AUF REKORDE

Die Bodencrew im Kontrollraum: Von hier aus wird der Kontakt ins All gehalten. Meist nicht zu Astronauten, sondern zu Satelliten

Foto: Peter Thomann

wickelte Hand von Rotex, dem Roboter, der sich damals im Weltraum von der Erde aus steuern ließ. Über 2500 Mechanik- und Elektronik-Komponenten sind in ihr verstaut. Mehr als acht Jahre Arbeit stecken in dieser Hand mit vier Fingern. Das Vorgängermodell im All hatte lediglich zwei. „Die *articulated hand*“, sagt Hirzinger, „ist die komplexeste Robotik-Greifapparatur, die weltweit gebaut wurde.“ Ein Superlativ mehr.

Hirzinger weiß, dass das allein nicht reicht. Rekorde sind angenehm, aber Kapital wird daraus nur schlagen, wer den Technologietransfer beherrscht, also die Erkenntnisse sinnvoll nutzen kann. In der Robotik sind die Perspektiven dafür gut. „Unser Ziel ist etwa, Prothesen zu schaffen, die in ihrer Sensorik einer menschlichen Hand entsprechen“, sagt Hirzinger. In spätestens 30 Jahren, vielleicht früher, werde es zudem Roboter geben, die die Betreuung alter und pflegebedürftiger Menschen übernehmen könnten. Maschinen, die ihren Patienten das Mittagessen warm machen.

Manch einen mag bei dieser Vorstellung das Frösteln vor einer entmenschlichten Welt überkommen. Dagegen steht der Fortschritt in Bereichen, in denen die Überlegenheit von Robotiksystemen als unbestritten geschätzt wird, etwa in der minimalinvasiven Chirurgie. Schon jetzt üben Chirurgen in Oberpfaffenhofen das robotergesteuerte Operieren. Zuerst wurde ein Schwein mit diesem Verfahren behandelt, danach 30 Menschen, alles ohne Zwischenfälle. Der Arzt bewegt einen Metallstift, der ein Skalpell auf dem Bildschirm simuliert. Das echte Skalpell liegt in der Hand eines Roboters, der die Bewegungen des Arztes synchron ausführt, ohne jede Verzögerung.

Durch zwei kleine Öffnungen in der Bauchdecke eingeführt, haben die robotikgesteuerten Instrumente im Körperinneren des Patienten eine Bewegungsfreiheit, die in der konventionellen Chirurgie unvorstellbar ist. „Der Traum jedes Chirurgen“, sagt Hirzinger. „Sicherer noch dazu, denn jedes Zittern lässt sich herausgefiltern.“

Weil der Nutzen klar ist, wird gegen Gelder für die Medizin selten protestiert. Dass es US-Militärstrategen waren, die im Kalten Krieg als Erste in die robotikgesteuerte Chirurgie investierten, um so zukünftige Kriegsverwundete an der Front ferngesteuert operieren zu können, danach fragt keiner mehr. Raumfahrt dagegen bewegt sich ständig im Dunstkreis militärischer Nutzung. Gegnern dieser Technik gilt jede Panne, jede verzögerte Mission, als Beweis für die Verschwendung öffentlicher Mittel. 335 Millionen Mark umfasst der jährliche Raumfahrtetat des DLR, für die Radarmission SRTM haben das Zentrum und der Bund gemeinsam 78 Millionen Mark ausgegeben.

Wofür, fragen die Kritiker. Wofür drei Terrabyte Daten schaffen in einer ohnehin schon von Informatiomen überfluteten Welt. SRTM, sagen sie, diene doch nur vordergründig dem Umweltmonitoring und Katastrophenschutz. Warum wohl bezuschusse die US-Kartierungsbehörde die Mission, wenn nicht für militärische Zwecke.

Natürlich, sagt PR-Mann Thomas Weyer, müsse man überlegen, ob man wirklich die Daten jeder Region auf dem Erdball aufarbeiten sollte, ob nicht damit politisch brisantes Material produziert werde. Andererseits kann und will das DLR auch ein Geschäft machen mit SRTM. Aufnahmen aus dem All werden sich gut verkaufen, Interessenten können per Internet ihren Wunschausschnitt anfordern, noch bevor die Daten überhaupt ausgerechnet sind.

„Wir erwarten, dass wir die Kosten langfristig decken können“, sagt Weyer, große Gewinne dürfe ein öffentliches Haus wie das Deutsche Luft- und Raumfahrtzentrum ohnehin nicht machen. Vielmehr wünscht man in Oberpfaffenhofen, dass nur alles funktionieren möge.

Zwei Wochen später: neuer Starttermin. Die Ehrengäste sind wieder da, der Start läuft reibungslos, Applaus und Glückwunsch von allen Seiten. Elf Tage lang kreist das Shuttle um die Erde, landet dann sicher in den USA.

Beim Touchdown, nach gelungener Mission, ist es halb ein Uhr nachts in Oberpfaffenhofen. Den geladenen Gästen war das zu spät. Die Mitarbeiter feiern in dieser Nacht unter sich. Die ersten reden schon von der Folgemission. Die zwei Radaranlagen seien nicht gleich gut, heißt es, die deutsche arbeite präziser als ihr amerikanisches Pendant. Würde man das Shuttle noch einmal hinaufschicken, die Flugbahn leicht versetzen – es ließen sich noch exaktere Daten gewinnen.

Hightech im „Uphon-Studio“, der Klangwerkstatt von Wilzhof

Draußen läuft der Rhythmus ins Leere

Klangwerkstatt Wilzhofen

Ein Beat geht durch Wilzhofen bei Weilheim. Bumm wie Bassdrum. Seit die Dorfjugend die Autowerkstatt übernommen hat, bricht der Ort zu musikalischen Ufern auf

Die Gebrüder Acher, Begründer der Band „The Notwist", bringen die Gegend zum Tanzen

TEXT: MARC FISCHER
FOTOS: OLIVER JUNG

Martin Gretschmann lässt im Studio die Computer singen

Das Licht erlischt fast nie in der alten Autowerkstatt in Wilzhofen bei Weilheim. Schludrig gekleidete junge Männer gehen dort ein und aus, schleppen Riesenkoffer zu jeder Tages- und Nachtzeit. Mit ihren Turnschuhen und amerikanischen Handwerkerklamotten wirken sie wie Freunde, die jeden Tag zusammenhängen und mit einem Haufen Technik spielen. Das ist gar nicht so falsch. Immerhin haben sie dafür gesorgt, dass Weilheim als Zentrum moderner Musik genannt wird. Neben Berlin, Brüssel und was sonst noch einen Klang hat in der Welt.

An diesem Morgen, kurz nach halb neun, die Sonne hat sich gerade über die Berge gearbeitet, sitzt Martin Gretschmann in einem kleinen Raum im Obergeschoss dieses seltsamen Hauses. Vor 20 Stunden hat sich der 26-jährige Junge mit den wirren Haaren und der dicken Brille dort eingeschlossen und macht einen Krach, der sogar das Brummen der Treckermotoren übertönt, die in der gegenüberliegenden Agrarfirma „Baywa" repariert werden.

Martin, umringt von einem Mischpult so groß wie ein Tapetentisch und einem Haufen Computer, Sampler, Keyboards und Drum-Maschinen, schickt einen Beat nach dem anderen durch das Gebäude, und als er die Regler verschiebt und plötzlich eine Computerstimme zu singen anfängt, wirkt er wie ein irrer Magier, der seine Seele gegen einen Mikrochip eingetauscht hat, um solche Klänge zu produzieren.

„I am alone and I like it and I think it's even cool" singt der Computer. Soviel Soul hatte eine Maschine noch nie in der Stimme, aber Martin ist nicht zufrieden: Das Fis könnte noch besser kommen. Unter seinem Pseudonym „Console" arbeitet Martin gerade an einem Remix für ein Stück der Hamburger Rockband „Tocotronic".

Die ehemalige Autowerkstatt, in der er experimentiert, ist eine Art Labor auf 300 Quadratmetern, aber es ist keins von der Sorte, wovor sich die Weilheimer fürchten müssten: Manipuliert werden hier nur verschiedene Arten neuer Musik, von Leuten, die allesamt aus der Umgebung stammen. Die Gruppen heißen „The Notwist", „Kammerflimmer Kollektief", „Tied & Tickled Trio", „Pelzig", „Hometrainer", „Village Of Savoonga" und eben „Console", und es ist nicht ganz klar, was die 20000 Einwohner Weilheims mehr verstört: diese Namen oder die Musik der Bands, die irgendwo zwischen Pop, Jazz, Krach und Elektronik liegt und eher digital ist als analog.

Mit soviel Modernität können viele von ihnen nichts anfangen: Seit knapp 800 Jahren loben die Reiseführer der Welt die „Freundlichkeit und Ruhe" des Ortes, auf dessen zwei Kinos und Cafés ungefähr zehnmal soviele Trachtenläden und Sportgeschäfte kommen, und dessen größte Aufregung es ist, wenn nachts ein Pizzabote mit seinem Kleinwagen durch die Gassen rast. Lange Zeit war das Kulturangebot Weilheims auf Konzerte der Stadtkapelle in der örtlichen Musikhalle begrenzt und auf Grillabende der Pfadfinder. Mittlerweile begeistert Weilheim nicht nur ein paar Journalisten in Deutschland, sondern auch DJs und Musiker aus England, Japan und Amerika.

Es gehen ziemlich viele Überseeanrufe in Weilheim-Wilzhofen ein, und der Grund dafür ist das „Uphon-Studio" in der alten Autowerkstatt und alles, was drumherum geschieht. Zusammen mit dem angeschlossenen Plattenlabel „Payola", 1996 gegründet von dem Weilheimer Tobias Hach, bildet es eine Art Kommandozentrale für das Schaffen der hier ansässigen Künstler.

Die Verteilung der Aufgaben ist perfekt, das wird sofort klar, als nun, pünktlich um zehn, die anderen im Studio ankommen: „Was macht der Beat, wie geht's dem Sampler, geht der Remix klar?" wird Martin von Mario Thaler gefragt, einem Jungen, der genauso aussieht wie eine Mischung aus Danny DeVito und Al Pacino. Mario ist der Produzent und Klangmeister des „Uphon-Studios", er kontrolliert jedes Geräusch.

Erst im Frühjahr 1999 haben die Jungs aus dem Pfaffenwinkel die alte Werkstatthalle so umgebaut, dass sie als Stu-

Das Haus hinter der Hecke wird über die deutsche Musik-Szene hinaus geschätzt. Es ist das „Uphon-Studio“

Ein unbekannter Bassist spielt sich im Studio warm

Krach, Chaos, kaputte Technik – Studioalltag kann kein Stillleben se

Martin Gretschmann, die Ein-Mann-Band Console

Wo früher an Autos gebastelt wurde, wird jetzt an Sounds getüftelt

dio und Büro zu nutzen ist. Die Heizung geht nicht richtig, das alte Mischpult muss noch ausgebaut werden, aber ansonsten ist die Einrichtung komplett, ausgestattet mit Dämmungen und Steckdosen, Licht, Trennwänden und ISDN-Anschlüssen. Meisterstück ist das Hauptstudio im Erdgeschoss: Die Ecken sind abgerundet, die Wände mit schwarzrotem Stoff verkleidet, damit der Schall sich bricht und nicht im Raum verfängt. Weil die Akustik dort so gut ist, kommen Bands aus ganz Europa, um hier aufzunehmen, und viele wollen nicht mehr weg.

Auch „Payola"-Chef Tobias Hach ist jetzt da, er trägt noch mehr Schwarz als der Countrysänger Johnny Cash. Neben ihm steht Mozart LeRoy, ein Strubbelkopf im Kapuzenpulli, der sich um die Promotion und den Vertrieb der Platten, Singles und CDs der „Payola"-Bands kümmert. Seit „Payola" einen Vertriebsdeal mit dem Majorlabel Virgin hat, muss Mozart, der diesen Namen dem Witz eines Musiklehrers verdankt, die Plattenläden nicht mehr direkt beliefern. Das Eintüten und Bekleben der CDs macht er trotzdem noch selber. „Wir sind schließlich immer noch ein Familienbetrieb", sagt er, und sein Kopf verschwindet hinter einem Haufen von Masterbändern, Plattencovern und Pressemitteilungen.

Alles begann damit, dass keiner der Jungs Ski fährt und die Partys im Jugendzentrum des Ortes immer eine Trauerveranstaltung waren. Um nicht an Langeweile zu sterben, mussten sie sich etwas anderes überlegen.

Da war es sehr praktisch, dass die Brüder Markus und Micha Acher – die mit ihrem Vater nebenbei noch mit einer Dixieband auf Hochzeiten und in Biergärten spielen – Mitte der achtziger Jahre die erste Rockband der Gegend gründeten. Erzogen durch den Radiosender „Zündfunk", die Pop-Sendungen von Thomas Meinecke und obskure Mailorder-Vertriebe, die ihnen die Musik amerikanischer Untergrund-Bands beschafften, verschreckten die Achers als „The Notwist" die Bürger von Weilheim mit verzerrten Gitarren, wummerndem Schlagzeug und englischen Texten und wurden zu den Jugendhelden der Gegend, weil sie so klangen als seien sie gerade aus Boston zu Besuch. Die Band polarisierte. „Notwist", das wurde zu einer Haltung in Weilheim, wie das woanders vielleicht ein „Nazis raus!" oder „Atomkraft-nein-danke"-Sticker gewesen wäre.

Während sich die anderen Jugendlichen des Ortes um Lehrstellen bewarben, sammelten sich Martin, Mario, Tobias und Mozart um die „Notwist"-Brüder, denen es mit ihrer klassischen Ausbildung für Gitarre, Posaune, Klarinette und Trompete bald nicht mehr reichte, nur eine Band zu haben: Als es mit „Toxic", „Lalipuna", „Slumlords" und „Dilirium" dann mehr Bands als Musiker in Weilheim gab, weil all diese Gruppen ihre wenigen Mitglieder ständig untereinander austauschten, schuf Tobias sein Label „Payola".

Diese ganze Geschichte hätte weiter nichts als der völlig unbedeutende Zeitvertreib einer gelangweilten Dorfjugend sein können, hätten es nicht alle hier – Mario, Tobias, Mozart und die Musiker – mit so unglaublichem Ernst betrieben. Als die Möglichkeit da war, Platten zu veröffentlichen, beschäftigten sich die Jungs mit nichts anderem mehr: Die Achers perfektionierten ihre Technik am Münchner Konservatorium und gründeten noch mehr Bands. Tobias verbündete sich mit den Kleinlabels „Kollaps" aus Dießen und „Hausmusik" aus Landsberg. Martin lernte alles über Computer und stieg bei „The Notwist" als Elektronikspezialist

Markus und Micha Acher komponieren

ein. Mario war wochenlang verschwunden, in ganz Deutschland auf der Suche nach Aufnahmegeräten und Mischpulten, die noch bessere Klänge produzieren könnten. Was entstand, war ein Berg von Energie, Talent und Material, der irgendwie verwertet werden musste.

Das Ergebnis dieser Arbeit ist den Jungs nicht anzusehen. Sie wirken nicht wie Popstars, obwohl die letzte „Notwist"-Platte „Shrink" in die Top 50 der deutschen Hitparade kam. Wenn The Notwist jetzt durch Deutschland touren, kommen ganze Mädchenkolonnen zu den Konzerten und werfen den Acher-Brüdern Teddybären an den Kopf. Auch für Martin hat sich einiges geändert, seit er mit „Console" und der Single „14 Zero Zero" einen Clubhit hatte und auf der Jahresliste des Geschmäckler-Musikmagazins *Spex* auf den ersten Platz gewählt wurde.

Sogar die deutsche Band „Kraftwerk" rief schon bei ihm an, um einen Remix zu bestellen. Auch das „Tied & Tickled Trio", eine Art Ambient-Jazz-Projekt der Acher-Brüder, bekommt fast täglich Angebote von englischen und amerikanischen Konzertveranstaltern, die die Gruppe für internationale Jazz-Festivals verpflichten wollen.

Durch diesen Erfolg hätten die „Payola"-Jungs die Chance gehabt, die Enge Weilheims hinter sich zu lassen und in die Großstädte dieser Welt zu ziehen, nach Paris oder L.A., oder zumindest nach München oder Berlin. Die Frage stellte sich nie. „Die Infrastruktur, die wir hier haben, wäre zerfallen, wenn wir das getan hätten", sagt Mozart, und Tobias lobt die Ruhe von Weilheim, weil sie konzentriertes Arbeiten ermöglicht. „In München wären wir eine Firma von vielen, hier aber sind wir einzigartig", erklärt Mario. „Woanders ist es nicht besser oder schlechter als hier", sagt Martin, und es klingt wie die Weisheit eines alten Mannes, der sein Lebensglück tatsächlich auf dem Land gefunden hat und keine Weltreise mehr braucht, um sich selbst zu finden.

Von überall her im Studio erklingt Musik. Mal Pop, mal House, mal Jazz, mal Bossanova, und der Stilmix, der entsteht, ist genauso wie der Stilmix, den „Payola" propagiert. Jedes Mitglied hier bringt seine Fähigkeiten ein – zusammen mit Mario, Martin und Tobias noch ein Grafiker, der die Plattencover gestaltet; ein Regisseur, der Super-8-Videos produziert, und der einzig fähige Drummer des Ortes, der bei ungefähr zehn Gruppen dabei ist. Tourt eine der Bands, nimmt sie immer eine andere aus Weilheim mit; gibt sie Interviews, erwähnt sie auch das Schaffen der anderen. So entstand ein Kollektiv, das vergleichbar ist mit der Art, wie sich die US-Hip-Hopper „Beastie Boys" oder „Wu-Tang-Clan" organisieren: eine Art Sozialismus, in der auch eigene Konten und Privateigentum erlaubt sind – jeder für den anderen, aber ohne Selbstverleugnung. Hippies also, die nichts einzuwenden haben gegen die freie Marktwirtschaft.

Später am Abend, nach einem Tag des Mixens, Remixens, der Tourplanungen und des Telefonierens, sitzen Martin, Mario, Mozart und Tobias im „Schildbürger", Weilheims einziger Kneipe, gleich um die Ecke vom Marienplatz, dem Zentrum der Stadt. Mario hat einen Wodka-RedBull vor sich stehen, während die anderen Gin Tonic trinken und über Dinge reden, über die sich Popstars normalerweise nicht unterhalten: Ob der Bankkredit, den sie aufnehmen mussten, um das Studio zu finanzieren, und die 5000 Mark Miete im Monat nicht zuviel Ballast sind für Jungs, die alle gerade mal Mitte Zwanzig sind und noch nicht genau wissen, wo sie in zehn Jahren sein werden. Doch als sich eine Viertelstunde später ein paar hübsche Mädchen an den Tisch setzen, sind diese Gedanken vorbei, und mit der Lässigkeit, die vielleicht wirklich nur in der Provinz geboren wird, spielen sie Schnick-Schnack-Schnuck mit den Mädchen.

Die Jungs gewinnen jedes Spiel, bis der Elektronikhexer Martin plötzlich aufspringt und alles unterbricht, weil ihm gerade einfällt, wie er seinen Remix noch perfekter machen kann. Als er sich verabschiedet, ruft Mario ihm hinterher, dass Martin langsam mal aufpassen müsse mit seinen magischen Kräften, sonst bringe er demnächst noch die Trecker vom Pfaffenwinkel zum Singen.

Marc Fischer, *freier Autor, lebt in Hamburg und schreibt u.a. für das* Magazin der Süddeutschen Zeitung *und den* Spiegel.
Oliver Jung, *freier Fotograf, lebt in München.*

Der Grat zwischen Freiheit und Furcht

Die Watzmann-Ostwand ist schön und gefährlich. Eine senkrechte Wüste aus Stein, die Bergsteiger herausfordert, auslaugt – und zu höchster Euphorie bringt

Text: Barbara Schaefer Fotos: Andreas Riedmiller

Die Wand

Graues Gestein, links und rechts, über und unter mir. Eine Wüste, nur senkrecht. Wir sind seit zwei Stunden unterwegs, befinden uns inmitten von Felsen. Allein wäre ich verloren hier, aber meine Bergführer kennen sich aus. Heinz Zembsch, hat die Watzmann-Ostwand 256 Mal „gemacht", wie es im Kletterjargon heißt, und Michael Grassl, Retter bei der Bergwacht, war knapp hundert Mal hier oben. Für mich ist es das erste Mal.

Auf dem ersten Sporn, einem spärlich begrünten Felsabsatz, rasten wir, trinken und beschließen, bald die Klettergurte anzulegen. Die Sonne scheint, wir sind bester Dinge. „Gstad!" Heinz Zembschs Stimme klingt alarmiert, augenblicklich verstummen wir. Es rumpelt, Steine so groß wie Handbälle poltern die Wand herunter, als Schutz reißen die Bergführer die Rucksäcke über die Köpfe, nur wenige Meter von uns entfernt kracht die Steinlawine ins Tal, es riecht nach Schwefel. Es waren nicht viele Steine, aber sie gingen genau dort durch die Wand, wo unser Weg entlangführt. Hätten wir ein bisschen weniger getrödelt, wären wir jetzt vielleicht tot.

97 Bergsteiger sind am Watzmann tödlich verunglückt, eine Zahl, die erschreckend nach Aufrunden klingt. Viele Passagen sind steinschlaggefährdet, aufziehendes Gewitter aus Westen sieht man in der Ostwand erst, wenn es zu spät ist. Ein Wettersturz kann im Hochsommer Schnee bringen, oder noch schlimmer: Regen, der am Fels gefriert. Das brüchige Gestein führt nicht nur zu Steinschlag, ausbrechende Griffe können fatale Folgen haben. Es gibt ziemlich viele Möglichkeiten, in der Ostwand zu Schaden zu kommen. Was mache ich hier?

Der Blick von oben auf ein Panorama aus Fels: Reporterin Barbara Schaefer und Bergführer Heinz Zembsch nach dem Aufstieg

Die Idee

Vor ein paar Wochen habe ich den Granatenkogel im Ötztal bestiegen, einen unbedeutenden Dreitausender. Auf dem Gipfelfoto sehe ich erschöpft aus, unglücklich und fertig. Und dennoch: Beim Abstieg habe ich meinen Seilpartner gefragt, ob wir mal die Watzmann-Ostwand durchklettern. Warum steige ich auf Berge? Warum tue ich mir diese Schinderei an, und zwar immer wieder? Aufmerksamer für die Natur wäre ich auf einer Sommerwiese, Gipfel könnte ich auch mit der Seilbahn erreichen.

„Weil er da ist", soll George Mallory auf die Frage geantwortet haben, warum er den Mount Everest besteigen will. Eine unzulängliche Auskunft scheinbar, wer durchschwimmt schon den Ärmelkanal, nur weil es ihn gibt? Bei der Durchsteigung der Watzmann-Ostwand habe ich viel Zeit, über diese Fragen nachzudenken.

Der Watzmann steht als mächtiger Bergstock am Königssee, die Watzmann-Ostwand ist die höchste Wand der Ostalpen, 2000 Meter baut sie sich über dem Kirchlein von St. Bartholomä auf, ein malerisches Fotomotiv für Tausende von Touristen, eine grandiose Wand und eine große Versuchung für jährlich Hunderte von Bergsteigern.

Immer an der Wand lang. Den Weg zu finden, erfordert volle Konzentration

600 Meter über dem Königssee wird angeseilt. Darüber 1400 Meter Stein

Der Aufbruch

Morgens um acht Uhr stehen wir an der Bootsanlegestelle am Königssee. Der Fischer bringt uns und einen Berg aus Rucksäcken und Ausrüstung über den See, in St. Bartholomä steigen wir aus und marschieren auf diese Wand zu, die ich nicht so riesig in Erinnerung hatte. Nach einer Stunde erreichen wir die Eiskapelle, keine Kirche, sondern eine Art Gletscher, ein massiger Altschneerest, der das ganze Jahr zu Füßen der Ostwand liegt. Hier beginnt der Berchtesgadener Weg, auch das eine irreführende Bezeichnung. Alle Klettertouren durch die Ostwand tragen Namen wie Münchner Weg, Salzburger Weg, Kederbacherweg. Wege sind es mitnichten, und mit Gehen alleine ist es auch nicht getan.

Diesen Wegen zu folgen, ist eine der größten Schwierigkeiten der Wand. Was vom Seeufer aus logisch aussah, verliert sich hier in einem steinernen Wirrwarr. In dem Führerbuch zur Ostwand steht als Wegbeschreibung: „Nach rechts abwärts in das Kar. In diesem aufwärts bis oberhalb des untersten Felsriegels. Unmittelbar darüber nach rechts bis zum Bachbett. Kurz gerade aufwärts durch kleine Kaminstücke. An der linken Begrenzung der Rinne nach links zu einem begrünten Gratabsatz. Weiter links ansteigend, zuerst überdacht, dann plattig, sehr steinschlaggefährdet." Diese Sätze stammen von Franz Rasp, Bergführer aus Berchtesgaden. 294 Mal hat er die Ostwand durchstiegen, bei der 295. Begehung verunglückte er zusammen mit seinem Gast tödlich. Wie kann so etwas geschehen, frage ich. Michael zuckt die Schultern: „Da hat halt einer den anderen mitgerissen, das kann passieren."

Der Berchtesgadener Weg, diese meistbegangene und einfachste Route, führt anfangs durch Latschenhänge, dann zu schräg abfallenden Platten, über die Wasserrinnen schwarze Spuren ziehen. Noch immer tragen wir die Kletterausrüstung im Rucksack; unterhalb der Platten, einige Höhenmeter tiefer, liegt die Eiskapelle. Später werden Heinz und Michael erzählen, dass sie sich an dieser Stelle ein erstes Bild von ihren Gästen machen. Wenn die hier schon nach dem Seil rufen, wissen die Bergführer, dass es ein langer Tag werden wird. Ich falle also nicht ganz durch, wenn ich beherzt die Hand ergreife, die mir Michael hinstreckt.

Sicherheit und Geschwindigkeit buhlen gleichermaßen um die Aufmerksamkeit des Bergsteigers, nur leider widersprechen sie sich manchmal. Die Kletterei durch die Watzmann-Ostwand dauert so elendig lange, dass man sich beeilen muss. Viele Passagen sind nicht eminent schwierig, deshalb geht man sie ungesichert, auch wenn ein Risiko bleibt.

Während wir nasse Felsplatten überqueren, herrscht Schweigen. Zur Vorbereitung auf diese Tour bin ich nicht nur regelmäßig kilometerweit gejoggt, ich habe Berge von Alpinliteratur gelesen. Auch die Aufzeichnungen von Valentin Stanic, der vor 200 Jahren als erster Mensch auf den Watzmann gestiegen ist. „In dem einzigen Punkte nur, wo man ist, muß die ganze Seele konzentrirt seyn", schreibt Stanic. „Keiner auch der frömmste Gedanke darf da Statt finden, sondern jeder Tritt, jeder Finger muß strenge dirigirt werden."

An der ersten schwierigen Stelle muss ich an ihn denken, aber so Recht er auch hatte, Stanic gehört zu einer Zeit, die für Bergsteiger unwiderruflich zu Ende ist: der Zeit der Pioniere. Vor etwa 200 Jahren begann die Menschheit, systematisch Berge zu ersteigen. Seit Menschengedenken waren Berge zuvor als das angesehen worden, was sie sind – Wüsteneien. Doch dann fällt ein Gipfel nach dem anderen: 1786 stehen der Arzt Michael Gabriel Paccard und der Kristallsammler Jacques Balmat als erste

Die Biwakschachtel: Nachtquartier, so groß wie eine Hundehütte

Die klassische Pose am Gipfel. Stolz entschädigt für Strapazen

Menschen auf dem höchsten Berg der Alpen, dem Montblanc, 1804 ließ Erzherzog Johann den Ortler ersteigen, den höchsten Berg in seinem Reich, der Habsburger Monarchie.

Mit Sir Leslie Stephen hält englischer Sportsgeist Einzug in den Alpen. Stephen erklimmt um 1850 als erster mehrere Schweizer Viertausender und bezeichnet die Alpen als „playground of Europe", Europas Spielplatz. 1865 gelingt Edward Whymper die dramatische Erstbesteigung des Matterhorns.

Zeitgleich fallen ferne Gipfel. Alexander von Humboldt steht 1802 an einem Gletscherbruch des Chimborazo in den Anden – er ist auf 5759 Meter, so hoch wie kein Europäer vor ihm. 1880 erreicht Whymper als erster den Gipfel des 5897 Meter hohen Cotopaxi in Ecuador. Später reisen Alpinisten nach Asien; 1953 stehen Edmund Hillary und Tensing Norgay auf dem Mount Everest. Der höchste Gipfel des Globus ist erreicht, aber auch das ist noch nicht das Ende des Alpinismus.

Nun, da man sich keine neuen Gipfel mehr ans Revers heften konnte, wurden neue Routen nach oben gesucht. Längst ist der Eiger mehrfach bestiegen, als 1938 die Eiger-Nordwand bewältigt wird. Und fast hundert Jahre nach der Erstbesteigung des Watzmanns durch Stanic durchklettert der Berchtesgadener Johann Grill, genannt Kederbacher, die Watzmann-Ostwand, damals noch Bartholomäwand genannt.

Die Euphorie

„Stand!" ruft Heinz Zembsch. Mein Lieblingswort. Es bedeutet: Er, der Vorsteiger, hat einen sicheren Platz gefunden, dort hat er sich an einem Haken mit seinem Seil fixiert und durch einen speziellen Knoten, den Halbmastwurf, läuft das Seil hinunter zu mir. Ich kann jetzt losklettern, wenn ich falle, stürze ich nur ins Seil, mir kann nicht viel passieren.

Ich klettere los. Das hier ist die Schlüsselstelle, die einzige Passage der Tour im dritten Schwierigkeitsgrad. Ich muss mich an kleineren Griffen im Stein festklammern, diese manchmal erst suchen. Mit harmonischen Bewegungen steige ich aufwärts. Es macht Spaß, der Fels ist warm von der Sonne, keine Grasschrofen unterbrechen das warme Grau, keine Menschenseele außer uns ist zu sehen.

„Ich bin in der Ostwand. Ich bin in der Ostwand!" Ich sage es mir immer wieder, still jubilierend, ich kann es nicht glauben.

„Die Freiheit, aufzubrechen, wohin ich will" – dieses Hölderlin-Zitat wählte Reinhold Messner, der wie keiner seit Luis Trenker das Bergsteigen populär gemacht hat, als Titel für seine Autobiografie. Viele warfen ihm vor, er flüchte mit seinen Klettertouren vor der Realität. Messner sagte dazu: „Ich aber hatte vielmehr das Gefühl, in die Realität zu flüchten. Wenn ich da oben war, besonders in einer Grenzsituation, stand ich in der Mitte meines eigenen Lebens. Und dieses Zentrum ist das Wirkliche, das Reale."

Die Krise

Wir gehen weiter am Seil, diesmal gleichzeitig. Zwischen Heinz Zembsch und mir sind fünf Meter Seil, wir steigen hintereinander, und ich muss darauf vertrauen, dass Heinz nicht fliegt, ich könnte ihn niemals halten. Er geht vor und über mir, würde an mir vorbeirauschen und mich unweigerlich mit in die Tiefe reißen. Aber natürlich fällt Heinz nicht, sage ich mir, er meistert immerhin den sechsten Grad, wir klettern nur im zweiten.

Meine Füße suchen systematisch kleine Felsabsätze, Vorsprünge oder vorstehende Kanten. Die Hände tasten nach Griffen, nach einer Leiste, einem vorstehenden Stein, meist von der Größe und Griffigkeit eines Maßkrughenkels. Kein Grund zu stolpern, zu

Breitwandbild: Die Ostwand des Watzmann erhebt sich über dem Königssee

stürzen, zu fallen. Was aber, wenn so ein Griff bricht? Mein Fuß ausrutscht? Ich das Gleichgewicht verliere? Würde Heinz mich halten? Würde ich nicht uns beide in die Tiefe reißen?

Wir erreichen einen Quergang, aus der Geborgenheit der Wand klettert Heinz nach rechts hinaus, er verschwindet um eine Felsnase. Bei mir setzt ein Häkchen im Hirn aus. Ich fange nicht an zu zittern, mir wird auch nicht schummrig, ich stehe nur an der Wand wie ans Kreuz genagelt. An der Ecke, um die Heinz verschwunden ist, geht es 1400 Meter hinunter, vielleicht auch nur 1000 Meter.

„Da hat halt einer den anderen mitgerissen, das kann passieren." Ich kann nicht anders, als daran zu denken. „Einen Moment", sage ich mit kratziger Stimme. „Was is'n?" fragt Heinz verwundert. Schweigen. „Sag halt, was is los?" – „Ich habe Schiss", flüstere ich zum Dolomitgestein vor meiner Nase. „Was?!", brüllt Heinz ungehalten. „Angst habe ich! Verdammt, ich trau' mich nicht weiter." Sofort greift Heinz fest ins Seil und tief in die Psycho-Kiste. Jetzt geh weiter. Du bist doch eine starke Frau. Das packst du schon. So dünne Sprüche, aber es wirkt, weil es wirken muss.

Wenig später habe ich die Passage geschafft, ich sehe niemanden an, versuche, mich zu beruhigen. Sage mir, dass es keine Schande ist, Angst zu haben. „Wer wagt, gewinnt", heißt Edmund Hillarys Buch über seine Mount-Everest-Erstbesteigung. Am 29. Mai 1953, kurz unterhalb des Gipfels, schreibt er: „Der Aufstieg war sehr gefährlich, aber jedesmal, wenn das Gefühl der Angst in mir aufkam, sagte ich mir: ‚Denke nicht daran! Dies ist der Everest, und du musst ein paar Risiken in Kauf nehmen.'"

Die Nacht

Gemütlich wie ein altes Ehepaar vor seiner Hütte sitzen Heinz und ich auf einer Bank und schauen in die Landschaft. Nur ist unsere Hütte eine Blechkiste, gebaut aus Teilen eines Flugzeugwracks, und unsere Bank steht auf einem Felsabsatz, 1800 Meter über dem Königssee. Wir werden in der Biwakschachtel übernachten, die 1951 als Notunterkunft gebaut wurde.

„Heinz Zembsch zur 250. Begehung" ist in die Lehne der Bank eingraviert, seine Bergführer-Kollegen haben ihn damit überrascht. Warum wird diese Wand so oft durchstiegen? „Weil sie einen großen Namen hat, weil sie zu den klassischen Zielen gehört wie der Mont Blanc, der Großglockner, weil sie so schön ist." Heinz Zembsch kennt die Motive seiner Kunden, er verdient seinen Lebensunterhalt damit, sie zu führen.

Ist das nicht langweilig, manchmal zwei- oder gar dreimal in der Woche immer wieder diese Route zu gehen? Nein, sagt Zembsch, es sei ja immer wieder anders, die Gäste, das Wetter. Mal durchsteigt er die Wand mit einem 75-Jährigen in nur siebeneinhalb Stunden, mal muss ein Gast angebrüllt werden, damit er spurt, und einmal, als plötzlich im Sommer Schnee fiel, sagte einer: „Ich gebe dir meinen ganzen Besitz. Aber bring mich hier raus." Ein paar Stunden später war davon allerdings nicht mehr die Rede.

Nun, bei Tee, Landjägern, Schokolade, Brot und Apfel aus dem Rucksack, kommen die Geschichten mit gutem Ende. Anders als noch vor ein paar Stunden, als Michael an der Münchner Rinne gesagt hatte: „Da ist der Kellner abgestürzt", und bald darauf: „Da ist der Rasp geflogen." Kurz vor der Biwakschachtel fragte ich nach einem jungen Bergführer, der 1993 im Winter tödlich verunglückte. „Der ist dort drüben gelegen", sagt Michael, der bei der Bergung dabei war. War er schon tot? – „Natürlich, der ist ja 400 Meter mit einer Wechte heruntergestürzt." Unerfahrene und exzellente Kletterer, Frauen und Männer, Berchtesgadener und Gäste, der Berg kennt keinen Unterschied.

Wir kriechen früh in die Biwakschachtel, Michael steigt gleich wieder ab, weil er am nächsten Tag am Großglockner führen soll. Ich kuschel mich in den Schlafsack. Er ist klamm, liegt seit ich weiß nicht wie vielen Monaten hier, vollgesogen mit feuchter Bergluft und Bergsteigerschweiß. Mir graust.

Nur 300 Höhenmeter fehlen noch zum Gipfel, ich kann immer noch nicht beantworten, warum ich das Bergsteigen liebe. Freddy Langer, Journalist und Alpinist, erkannte, es gehe um das erregende Gefühl, im Moment des Risikos den eigenen Körper zu spüren: „Kaum sonst etwas in unserer Welt ist so überschaubar wie die Besteigung eines Berges. Nirgendwo sonst lässt sich ein Ziel so umweglos beschreiben.“

Das Ende

Um sechs Uhr kriechen wir aus unserer Sardinenbüchse. Die Sonne hat ein Morgenrot vorausgeschickt, davor sieht der Horizont aus wie mit einer Zackenschere ausgeschnitten. Mehr Berge als heute könne man gar nicht sehen, sagt Heinz Zembsch. Ich reiße die Augen auf in meinem ungewaschenen Gesicht, schaue auf die geniale Beleuchtung. Heinz drängt zum Aufbruch. „Deine Bewegungen müssen fließend sein“, sagt er. Wir klettern die letzten Höhenmeter, ich bin noch tapsig wie ein Bärenjunges.

Wieder dieses verhasste Gemeinsam-am-Seil-Gehen. Und dann sind wir oben. Ich kann es nicht fassen, ich habe die Watzmann-Ostwand gemacht. Ein paar Wanderer stehen schon auf dem Gipfel, wir machen Lärm mit unseren Karabinern, hantieren mit dem Seil, legen die Helme ab, fotografieren uns gegenseitig mit allen Kameras.

Ich bin eine mittelmäßige Bergsteigerin, diese Wand durchstiegen zu haben ist für mich so erhebend wie für Hillary der Everest. Jon Krakauer, einer der klügsten und unterhaltsamsten Autoren der Alpinliteratur, schrieb einmal: „Den meisten Nichtkletterern wird es beim besten Willen kaum möglich sein, den Reiz dieser Sportart zu verstehen. Aber jeder, der gehört hat, wie die Wände des Keystone-Canyon das Jubeln von Kate zurückwarfen, als sie am Endpunkt der Route ankam, hätte damit keinerlei Schwierigkeiten.“

Barbara Schaefer *war Redakteurin der Zeitschrift* Berge *und arbeitet als freie Journalistin in Berlin.*

Andreas Riedmiller, *Fotograf und geübter Bergsteiger, widmet sich mit Vorliebe Natur- und Landschaftsthemen.*

MERIAN TIPP BERGTOUREN

❶ WATZMANN-OSTWAND
Erste Bergschule Berchtesgadener Land, Heinz Zembsch, Silbergstraße 25, Strub, Telefon (08652) 5371, Fax 66935
Nur für erfahrene Bergsteiger, üblicherweise wird die Ostwand mit Bergführer an einem Tag durchstiegen. Die Biwakschachtel unterhalb des Gipfels ist nur ein Notquartier. Das MERIAN-Team musste wegen der vielen Fotostopps dort übernachten

WATZMANN-MITTELSPITZE
Es muss ja nicht die Ostwand sein: Geübte Bergwanderer erreichen die Watzmann-Mittelspitze (2713 m) über das Watzmannhaus am nördlichsten Ende des Watzmannstocks. Für die letzten hundert Höhenmeter sollte man trittsicher und schwindelfrei sein. Leichter Klettersteig

❷ BENEDIKTENWAND
Ein Mönch soll sie schon vor 600 Jahren durchstiegen haben: die markante Benediktenwand (1800 m) vor den Toren des Klosters Benediktbeuern. Von hier geht der bekannteste Weg als Ein- bis Zwei-Tagestour über die Tutzinger Hütte, Aufstieg entweder über die West- oder die etwas anspruchsvollere Ostflanke

❸ HERZOGSTAND
Lieblingsberg Ludwigs II. und einer der meistbesuchten Ausflugsberge im Voralpenland. In wenigen Minuten bringt eine Gondelbahn von Walchensee aus die Gäste auf die Bergstation. Ein Gasthof mit Sonnenterrasse ist nur ein paar Gehminuten entfernt (ganzjährig geöffnet). Zu Fuß erreicht man von Walchensee aus in gut zwei Stunden den Gipfel, eine andere Route führt vom Kesselberg aus hinauf. Die meisten Wege sind auch für Ungeübte zu bewältigen

❹ JENNER
Von Schönau aus schwebt die Gondelbahn in 20 Minuten hinauf zum 1874 Meter hohen Jenner, dem Ski-Hausberg der Berchtesgadener. Idealer Startpunkt für Naturfreunde, knapp 200 Kilometer Wanderwege führen von hier in den Berchtesgadener Nationalpark

❺ KAMPENWAND
„Wann i mit meiner Wampen kannt, dann gangat i auf die…“. Heute schaffen das auch gemütliche Wanderer. Die Seilbahn von Aschau im Chiemgau bringt die Ausflügler so weit nach oben, dass sie den Gipfel in eineinhalb Stunden erreichen

❻ PEISSENBERG
Wer herrliche Ausblicke mag, sollte an klaren Tagen einen Abstecher vom gleichnamigen Talort aus auf den 988 Meter hohen Peißenberg machen. Von dort sind Chiemgauer Alpen, Karwendel- und Wettersteingebirge, die Lechtaler und die Allgäuer Alpen zu sehen

❼ ROTWAND
Der klassische Münchner Hausberg (1885 m) mit Fernsicht bis zum Großvenediger kann über ein Dutzend verschiedener Almwanderwege erreicht werden, von Geitau in drei Stunden oder bequemer von Spitzingsee in zweieinhalb Stunden. Reizvoller Abstieg über das Großtiefental und den Soinsee. Für Kletterer lohnt sich ein Abstecher vom Rotwandhaus zu den Ruchenköpfen (20 Minuten bis zum Einstieg), leichte bis äußerst schwierige Klettertouren möglich

❽ SCHINDER
Der Name übertreibt. Der Gipfel in den Schlierseer Bergen ist nur 1808 Meter hoch und leicht zu erklimmen. Anfahrt von Spitzingsee mit dem Auto bis nach Valepp, von dort in gut drei Stunden über die Traunitz-Alm auf den Gipfel, Abstieg übers Schinderkar

❾ WALLBERG
Vom Rottach-Egerner Ortsteil Obernach schaukelt die Kleinkabinenbahn in knapp 15 Minuten zum 1620 Meter hoch gelegenen Wallberghaus hinauf. Von der Bergstation zum Gipfel (1722 m) geht es in einer halbstündigen Wanderung. Auch für Ungeübte machbar

❿ ZUGSPITZE
Bayerische Zugspitzbahn, Olympiastr. 27, Garmisch-Partenkirchen, Tel. (08821) 7970, Fax 797901, Internet: www.zugspitze.de; Hin- und Rückfahrt inkl. Skipass Erw. 62 Mark, im Sommer 79 Mark
Der Anstieg zu Fuß durch das Höllental ist nur etwas für Bergsteiger, die absolut schwindelfrei und trittsicher sind. Leichter geht es mit der Zugspitzbahn von Garmisch-Partenkirchen aus, Zusteigemöglichkeiten in Grainau und Eibsee, Abfahrt stündlich

Viel Glück beim Rodeln!

Der Rodelsport hat seine eigenen Helden. Den Schlittenbauer, der seine Rodel wie Kinder liebt. Den Trainer, der ohne die Bahn nicht leben kann und den Weltmeister, der Rekorde feiert und Spott erträgt

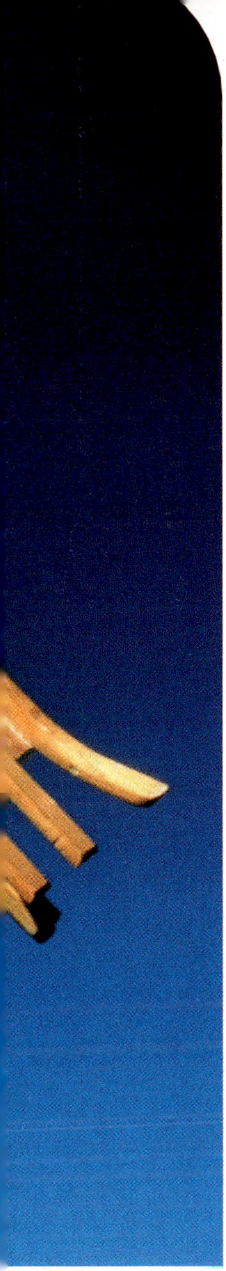

Schlittenbauer Erich Hielscher mit seinem Schneeflitzer aus Esche

Foto: Frieder Blickle

TEXT: HOLGER GERTZ

Das Fernsehen war noch schwarzweiß, Adenauer Bundeskanzler und Herberger Bundestrainer, da schraubte und leimte Erich Hielscher schon. In seiner Werkstatt im Örtchen Piding, nicht weit von Bad Reichenhall, duftet es nach frischem Holz, und überall stehen kleine Kästen, beschriftet in Sütterlinbögen. Da sind Maschinen, es riecht nach Leim, und ein bisschen sieht Erich Hielscher, 75, aus wie Meister Eder, jedenfalls von weitem.

Vor 50 Jahren baute er einen ersten Rodel für seine Mutter. Dann baute er sich selber eine Menge Maschinen zum Fräsen und Sägen, und weil er die Beschaffenheit seines Holzes – es ist Esche – so gut kennt, weil er weiß, wann man es schlagen muss, „wenn das Laub gefallen ist“ nämlich, weil es dann nicht mehr so feucht ist wie im Sommer, weil er schließlich Geduld hat, es so lange zu lagern, wie es zur Rodelreife braucht, mindestens fünf Jahre: deshalb sind Hielschers Rodel so berühmt. Zwei Holzkufen in der Form eines gekippten U, Böcke, Sitzleisten und Gleitflächen aus Stahl. Die rosten nicht, und das Holz bricht nicht. Sagt Hielscher, der Geschäftsmann, aus Schlesien stammend und ein halbes Jahrhundert Rodelbauer. Ein Ein-Mann-Betrieb, der letzte seiner Zunft.

111 Arbeitsschritte pro Rodel sind nötig. Und er hat noch jeden Schlitten verkauft, er macht Rodel für den Freizeitsportler, keine, mit denen man bei Olympia teilnehmen kann. Hielscher sagt, „der Rodel ist ein Teil des Menschen“. Das klingt natürlich ziemlich übertrieben, aber es ist ein Leitsatz der ganzen Geschichte, so wie Hielschers linke Hand ein Leitbild ist, sozusagen. Die Kuppen von Daumen und Zeigefinger fehlen, eine Kreissäge hat sie abgetrennt, gut zehn Jahre ist das her. Deshalb hält Hielscher die Linke gern im Blaumann versteckt.

Natürlich war das ein Unglücksfall, aber es ist auch ein Symbol. Für Rodler. Sport hat immer viel mit Schmerzen zu tun, die Fußballer überdehnen sich ihre Achillessehnen, die Turner zwickt es in der Oberarmmuskulatur, die Rodler aber sind Schmerzensleute im Ganzen. Und der das am besten weiß, sitzt an diesem Tag in seinem Haus in Königssee. Sepp Lenz, 66 Jahre alt, erzählt, was ihn mit einem wie Hielscher verbindet. Dem fehlen zwei Finger. Und ihm fehlt der linke Fuß.

„Pfffft“ macht es, wenn der Schlitten durch die Eisrinne fegt und alles glatt läuft. Ein bisschen hört sich das an, als lausche man dem Verkehr an der Autobahn. Das „pffft“ ist ein gutes Geräusch für die Rodler. Ein Rumpeln dagegen ist ein schlechtes Geräusch. Es klingt nach Verlieren. Man ist angestossen an den Rand der Rinne, das Gefährt ist aus der Bahn gekommen, die Zeit läuft, und man rodelt ihr hinterher. Rodeln kann tückisch sein.

Sepp Lenz hörte ein „pffft“ an diesem Dezembertag im Jahr 1993 auf der Rodelbahn in Winterberg. Ein leises Pfeifen, das lauter wurde, „das müsst noch nausgehen“, dachte der Mann, aber plötzlich war es da, und es konnte nicht an ihm vorbei. Denn Lenz, damals Bundestrainer der deutschen Rodelmannschaft, stand nicht unter den Zuschauern an der Bahn in Winterberg, er stand in der Rinne, aus der er zuvor Schnee herausgefegt hatte. Er sah die Schnauze des Schlittens mit einem Tempo von 100 Kilometern pro Stunde auf sich zukommen, versuchte noch wegzuspringen, aber er war auch schon 58 damals, nicht mehr wendig genug um auszuweichen. Die Schlittenkufen, blank und scharf wie ein Küchenmesser, trennten ihm den Fuß vom Bein. Da weinte die Frau, die aus dem Schlitten kletterte, eine Nachwuchsfahrerin aus den USA namens Bethany Calcaterra, und Lenz erinnert sich, dass er sie zu trösten versucht habe, ehe der Hubschrauber ihn in die Uniklinik Bochum flog, wo man versuchte, den Fuß anzunähen.

Es gelang nicht. Sepp Lenz konnte auch ohne Fuß leben, aber nicht ohne das Rodeln. Er macht Scherze über seine Schmerzen. Seine Frau, sagt er, sei zur selben Zeit in der Garage ausgerutscht und habe sich den Oberarm gebrochen. „Die hatte fast mehr Schmerzen als ich.“ Fast. Drei Wochen nach dem Unfall glaubten die Zuschauer an der Bahn in Lenzens Heimatstadt Königssee, ein Phantom sei ihnen erschienen, aber es lief an Krücken, und da begriffen sie: Es war der alte Lenz.

Er habe „nach dem Rechten sehen“ wollen, sagt er, wie ein alter Milchbauer, der zu seinen Kühen muss. Er trank, drei Wochen, nachdem ihm sein Fuß abgetrennt worden war, im Zielhaus-Stüberl ein dunkles Weißbier. „Ich hatte das Gefühl, die Bahn nicht im Stich lassen zu können.“

Es ist ja seine. 1956, da war er selber noch Rodler, hat der Landrat in Königssee ihm gesagt: „Wenn ihr ein Gelände findet, könnt ihr eine Bahn bauen.“ Vater Lenz hat ein Gelände gefunden, Bruder Lenz hat das Gelände vermessen und Sepp Lenz das Baumaterial herbeigetragen. „Da haben wir die Bahn gebaut, mit unserer Hände Arbeit.“

Sportfreunde lieben Sepp Herberger, den alten Fuß-

balltrainer, weil er die Fußball-Mannschaft zusammengebaut hat, die 1954 die WM gewann, im legendären Wankdorfstadion zu Bern. Sie lieben Vlado Stenzel, weil er die Mannschaft baute, die 1978 die WM im Handball gewann. Aber was sind diese Trainer gegen Lenz, der nicht nur als Bundestrainer die Rodler ausbildete und der erfolgreichste Coach aller Zeiten wurde, sondern auch die Rodelbahn in Königssee selbst gebaut hat. Es ist, als wäre Herberger der Architekt des Wankdorfstadions.

So eine Bahn wie die in Königsee sieht ein bisschen wie eine lange Schlange aus, fast anderthalb Kilometer windet sie sich, ist glatt und kalt. Wer mag, kann sich an bestimmten Tagen selbst auf einen Rodel setzen und die Rinne hinabbrausen. Er wird nie mehr lästern über jene, die das als Leistungssportler tun.

Profirodler müssen viel Spott ertragen, er ist ein Bestandteil dessen, was den Rodler zum Schmerzensmann macht. Georg Hackl zum Beispiel ist, als er in einem Werbespot für die Bundeswehr auftrat, von der Berliner *tageszeitung* als „rasende Weißwurst", beschimpft worden, „der das Resthirn in die Kufen gerutscht" sei. Das zog einen mehrjährigen Rechtsstreit nach sich.

Eine Fahrt die Bahn hinunter baut Arroganz ab gegenüber dem Rodeln. Die Füße voran, nicht bäuchlings wie die Freizeitrodler. Wer bei der Fahrt mit der Fußspitze gegen das Eis stößt, spürt einen Ruck, aber schlimmer ist, dass sich Eispartikel von der Rinne lösen, eine Art Minilawine, die Sicht und Atem nimmt.

So eine Fahrt nimmt dem Leistungsrodler manchmal die Gesundheit. „Erst hab' ich einen Kracher gehört, dann hab' ich mich umgedreht, und da war der Schlitten weg." So beschreibt Hackl einen Sturz in Igls in der vergangenen Saison, der am Fernseher aussah, als hätte der Rodler Mühe gehabt, lebend vom Eis zu kommen. Ausgangs der Kurve neun war er spektakulär gestürzt, weil viel zu hoch herausgefahren, und auf dem Hosenboden hinuntergesegelt. Hackl trug eine verstauchte Hand davon und den Schlitten umgehend in den Müll.

Warum man das alles macht? Herrjeh, das ist natürlich eine Frage, die, wie Hackl sagt, in den Bereich der „Sinnfrage" geht. „Die stelle ich mir auch oft. Aber man fühlt sich doch irgendwie bestätigt, wenn man etwas kann." Er ist auf diese Weise ein Held geworden, knapp über einssiebzig, Schnurrbart, Bäuchlein.

Normalerweise wird so einer kein Held. Normalerweise ist aber auch keiner so getrieben wie dieser kleine Hackl. Während eines Gesprächs schaut er auf alle erreichbaren Uhren, und manchmal blickt er am Gesprächspartner vorbei, nicht aus Unhöflichkeit. Aus Ungeduld. Er muss weiter. Es gibt diese Geschichte von der Armbanduhr, die er als Kind bekam und dauernd am Rädchen an der Seite aufzog, aus Angst, die Zeiger könnten stehenbleiben, die Zeit würde aufhören. Die Uhr war bald kaputt, vom vielen Aufziehen.

Vielleicht muss man in diesem Sport so sein, auch als Freizeitrodler, auf den Rodelbahnen in Bad Reichenhall oder Bad Tölz oder Bad Wiessee, wo man sich einen Schlitten leihen kann, keinen wie den von Hackl, der aussieht wie eine kleine Rakete. Eher einen von Hielscher. Die Rodler dort reden über Kufen und darüber, wie man Tempo gewinnen könnte. Und wenn die Schlitten nicht geliehen wären, würden sie wahrscheinlich auch daran feilen, wie der Hackl das macht und der Lenz das gemacht hat und der Hielscher erst recht.

Es ist eine Familie, die der Rodler, und ihr Erkennungszeichen ist das „pffft" in der Bahn oder ein reibendes, zerrendes Geräusch, wie Eisen, das an Eisen kratzt. Es entsteht beim Kufenfeilen, und man hört es, wenn man Hackl unten im Keller des Leistungszentrums der Rodler in Berchtesgaden besucht. Da schleift und fräst und bohrt er am Schlitten, nächtelang, sommerlang, jahrelang, ein Leben lang, und manchmal ist der Rodel danach eine halbe Sekunde schneller, ach, ein paar Zehntel, Hundertstel. Beim Rodeln entscheiden Tausendstel. Meistens reicht es auch so. Schorsch Hackl, 34, Weltmeister, Olympiasieger, alles doppelt und dreifach, gilt als erfolgreichster Rodler der Welt.

Was ihn treibt, ist vermutlich ganz tief drin im Menschen angelegt, bei Freizeitrodlern wie bei Leistungssportlern, die auf ihren Geräten liegen, den Kopf nach hinten, ganz flach, nach der Startphase, 30 Sekunden, dann das Hupsignal, und dann raus, sich abstoßend mit den Händen.

„Der Rodelsport verbindet alles, was den Sportler ausmacht", sagt Sepp Lenz. „Man bewegt sich, man trainiert in der Gruppe, man hat ein Gerät, aber ist auf seinen Körper angewiesen. Und am Ende, im Rennen, ist man ganz allein." So wie man immer allein sei, im Leben, von Kind an. Und das erste Sportgerät, was ein Kind hat, ist – jedenfalls da, wo es Berge und Schnee gibt – ein Schlitten. „Schauen

Fotos: Bongarts, Christof Sonderegger

r Reiz des Rodelns liegt im Tempo. Egal ob mit 100 oder Stundenkilometern, auf Eis oder Pulverschnee

Sie, ich hab' einen Enkel", sagt Lenz. „Der weiß nichts von der Rodeltradition in unserer Familie, aber der hat trotzdem einen Riesenspaß, wenn er auf dem Schlitten sitzt. Dieses Dahinrutschen, dieses Schnellersein als zu Fuß. Das muss es wohl sein."

Wie viele Rodler es gibt, kann keiner sagen, die Bahnen in Oberbayern sind gut besucht, die Auftragsbücher von Erich Hielscher gefüllt. 500 Rodel hat er früher pro Jahr gebaut, jetzt sind es noch 150. Er hat eine Mappe mit Briefen, darin schreiben ihm die Kunden, wie begeistert sie sind, und dass sie den Rodel manchmal gar nicht als Rodel benutzen, sondern ihn sich in die Wohnung stellen. Ein Schlitten kann auch ein Kunstwerk sein.

Hielscher ist ein Tüftler und Rechner, macht sich mit einem dicken Bleistift auf einem alten Zettel Notizen. Er hat nicht ausgerechnet, wie lange er noch weitermachen will, so lange wie möglich, sagt er, denn Kinder hat er nicht. Naja, keine biologischen. Wie er die Rodel anschaut und über die glatten Kufen streichelt, kann man sich schon vorstellen, dass Schlitten auch so was wie Kinder sind.

Manchmal kommen Kinder in seine Pumuckl-Werkstatt, besuchen ihn und schauen sich um. Und manchmal schaut er im Fernsehen, wie der Hackl Schorsch durch die Eisrinne brettert. Er fiebert dann nicht mit, er ist nicht der Typ dafür. Er respektiert ihn, er fühlt sich ihm vielleicht auch seelenverwandt, so von Tüftler zu Tüftler. Aber sie haben keinen Kontakt.

Hielscher hat es eh nicht so mit den Leistungssportlern, so verkrampft wie die sind – spätestens seitdem bei Jugendrennen irgendwo in Oberbayern seine Schlitten disqualifiziert worden sind. „Die waren immer zwei Sekunden schneller als die anderen", sagt er und lacht listig, nimmt einen tiefen Zug aus seiner Zigarette und schlägt die verglimmende Glut mit einer ruckartigen Armbewegung ab. Einfach abklopfen kann er die Asche nicht mehr.

Wegen der zwei Finger, die der Rodelbau den Rodelbauer gekostet hat.

Holger Gertz *ist Reporter der „Seite Drei" der* Süddeutschen Zeitung *in München. 1998 bekam er den Axel-Springer-Preis für junge Journalisten.*

MERIAN TIPP
RODELN

Berchtesgaden-Königssee
KUNSTEIS-, BOB- UND RODELBAHN AM KÖNIGSSEE
Informationen bei der Kurdirektion des Berchtesgadener Landes, Königsseer Str. 2, Tel. (0 86 52) 96 70 Erbaut 1968/69, 1,3 km lang, zehn Prozent Gefälle. Nach Absprache Gästerodeln in Begleitung erfahrener Piloten **M6**

Berchtesgaden-Obersalzberg
OBERSALZBERG RODELBAHN
Informationen ebenfalls bei der Kurdirektion des Berchtesgadener Landes, s.o. Beeindruckende Rodelbahn, führt 3,3 km von der Bergstation der Obersalzbergbahn bis ins Tal **M6**

Garmisch-Partenkirchen
NATURRODELBAHN GARMISCH-PARTENKIRCHEN
Informationen bei der Kurverwaltung Garmisch-Partenkirchen, Richard-Strauss-Pl. 1a, Tel. (0 88 21) 18 00 1,1 km lange Winterrodelbahn nahe dem Olympia-Skistadion. Mittwochs Gästerodeln (mit Rodelverleih) **C7**

Inzell
RODELBAHN AM FORSTHAUS ADLGASS
Informationen beim Touristikbüro Inzell, Rathauspl. 5, Tel. (0 86 65) 9 88 50 600 m lange Bahn mit Rodelverleih. Mittwochs und sonntags bis 21 Uhr Rodeln bei Flutlicht **L5**

Lenggries
WINTERRODELBAHN MILCHHÄUSEL
Informationen bei dem Verkehrsamt Lenggries, Rathauspl. 1, Tel. (0 80 42) 50 08 46 1,5 km lange Bahn, Ausgangspunkt ist das Milchhäusel bei Wegscheid, zu Fuß vom Parkplatz am Skilift in 15 Minuten zu erreichen **E5**

MERIAN TIPPS UND HINWEISE

Herbststimmung im Fünf-Seen-Land: Blick auf Andechs und Umgebung

Oberbayern ist ein von der Natur verwöhntes Kulturland. Auf sanften Hügeln thronen prächtige Kirchen. In den Dörfern ziert Lüftlmalerei die Hausfassaden. Eine Gegend, die einlädt, das Leben zu genießen. Zum Beispiel im Biergarten, am Badesee oder bei der Tour in die Berge

LANDESDATEN UND GESCHICHTE

Einwohner .... *4 Mio.*
Fläche .... *17 529 km²*

Die größten Städte:
München .... *1,2 Mio. Ew.*
Ingolstadt .... *115 000 Ew.*
Rosenheim .... *59 000 Ew.*
Freising .... *40 000 Ew.*
Dachau .... *38 000 Ew.*

Ab 150 v. Chr. *Südlich des heutigen München bauen die Kelten viereckige Wallanlagen (Viereckschanzen)zu kultischen Zwecken*
50 v. Chr. *Europas größte frühgeschichtliche Siedlung, die Keltensiedlung in Manching, wird zerstört*
ab 41 n. Chr. *Der römische Kaiser Claudius lässt entlang der Donaulinie Kastelle errichten und das Alpenvorland durch Straßen erschließen*
259 *Der römische Verteidigungswall wird erstmals von germanischen Eindringlingen durchbrochen. Die Herrschaft der Römer über das Voralpenland wankt*
400 *Rückzug der Römer. Bei den nachrückenden Germanen gewinnen allmählich die „Männer aus Baia" (wahrscheinlich Böhmen) die Oberhand. Sie bilden schließlich ein unabhängiges Herzogtum*
788 *Karl der Große gliedert Bayern in das Frankenreich ein. Der letzte Agilolfingerherzog Thassilo III. wird in ein Kloster verbannt*
8. Jh. *Im Alpenvorland entstehen mehrere Klöster: u.a. Benediktbeuern, Wessobrunn, Herren- und Frauenchiemsee*
1113 *Graf Otto IV. von Scheyern nennt sich nach seiner neu erbauten Burg: Wittelsbach*
1156 *Die Mark Österreich wird von Bayern abgetrennt*
1180 *Nach dem Sturz Heinrichs des Löwen setzt Kaiser Friedrich I. Barbarossa den Pfalzgrafen Otto von Wittelsbach als Herzog ein*
1255 *Herzog und Pfalzgraf Ludwig II. teilt das Herzogtum Bayern: Sein Bruder Heinrich XIII. erhält Niederbayern mit Residenz in Landshut, Ludwig behält Oberbayern mit Residenz in München sowie die Rheinpfalz*
1506 *Herzog Albrecht IV. der Weise legt die Unteilbarkeit Bayerns fest*
um 1600 *Frühzeit des Barock in Kunst und Architektur. Bis 1800 sind Wessobrunner Stukkatoren in ganz Europa tätig*
1634 *In Oberammergau werden erstmals Passionsspiele aufgeführt*
1705 *Im Spanischen Erbfolgekrieg wird München von den Österreichern besetzt. Etwa 1100 Sendlinger Bauern erheben sich gegen die österreichische Besatzung; sie fallen der „Sendlinger Mordweihnacht" zum Opfer*
1806 *Das Kurfürstentum Bayern wird zum Königreich von Napoleons Gnaden proklamiert*
1809 *Österreichische Truppen in Bayern. Beginn des Krieges zwischen Österreich und dem napoleonischen Frankreich*
1809 *In der Schlacht am Berg Isel bei Innsbruck besiegt Bayern die Tiroler Freiheitskämpfer um Andreas Hofer*
1810 *Die Hochzeit Ludwigs II. mit Prinzessin Therese von Sachsen ist Anlass des ersten Münchner Oktoberfests*
1820 *Erste verbriefte Zugspitzbesteigung durch Josef Naus*
1864-86 *Regentschaft Ludwigs II. Bau der Schlösser Linderhof, Herrenchiemsee und Neuschwanstein*
1918 *Die Novemberrevolution beendet die Herrschaft der Wittelsbacher. Kurt Eisner (USDP) ruft den „Freien Volksstaat Bayern" aus*
1919 *In München wird die bayerische Räterepublik proklamiert*
1923 *Die bayerische Landespolizei beendet den Hitler-Putsch vor der Münchner Feldherrnhalle*
1936 *In Garmisch-Partenkirchen werden die IV. Olympischen Winterspiele ausgetragen*
1948 *Im Auftrag der elf Ministerpräsidenten tagt der Verfassungskonvent von Herrenchiemsee*
1949 *Der Freistaat Bayern wird zum Bundesland*
1965 *Die Satellitenfunkstation Raisting wird eröffnet*
1972 *XX. Olympische Sommerspiele in München. Arabische Terroristen überfallen das Quartier der israelischen Mannschaft*
1978 *Beginn der „Ära Strauß". Sie endet mit dem Tod des Ministerpräsidenten am 3. Oktober 1988*
1992 *Der Münchner Flughafen „Franz Josef Strauß" wird eröffnet*
1992 *Nach 32-jähriger Bauzeit wird der Main-Donau-Kanal (Länge 171 km) fertig gestellt*
1998 *Eröffnung der Neuen Messe in München*

AUSKUNFT

TOURISMUSVERBAND MÜNCHEN-OBERBAYERN E.V.
Bodenseestr. 113, 81243 München, Tel. (089) 829 21 80, Fax 829 218 28, Prospekt-Telefon 829 218 30, E-Mail: tourismus@oberbayern.btl.de, Internet: www.btl.de/oberbayern

REGIONALE TOURISMUSVERBÄNDE UND -BÜROS

TOURISMUSVERBAND STARNBERGER FÜNF-SEEN-LAND
Postfach 1607, 82306 Starnberg, Tel. (081 51) 906 00 und Fax (081 51) 906 090, E-Mail: info@starnberger-fuenf-seen-land.de, Internet: www.starnberger-fuenf-seen-land.de (D 3)

TOURISMUSVERBAND PFAFFENWINKEL
Bauerngasse 5, 86956 Schongau, Telefon: (088 61) 77 73, Fax (088 61) 20 06 78, E-Mail: tourismus@pfaffenwinkel.btl.de, Internet: www.pfaffenwinkel.com (B 5)

TOURISMUSINFORMATION LANDRATSAMT BAD TÖLZ
Bahnhofspl. 1, 83646 Bad Tölz, Tel. (080 41) 50 52 06, Fax (080 41) 50 53 75, E-Mail: tourismus@toelzer-land.btl.de, Internet: www.lra-toelz. de (E 5)

TEGERNSEER TAL-GEMEINSCHAFT
Hauptstr. 2, 83684 Tegernsee, Telefon (080 22) 180 149 und Fax 37 58, E-Mail: info@tegernseertal.de, Internet: www.tegernsee-tal.de (F 5)

Stand: April 2000. Zur raschen Orientierung wird auf die Planquadrate der großen MERIAN-Karte hingewiesen

KUR- UND TOURISMUSVERBAND WENDELSTEIN E.V.
Rosenheimer Straße 5, 83098 Brannenburg, Telefon (080 34) 88 42 oder 30 55 80, Fax (080 34) 77 10 oder 30 55 819, E-Mail: tourismus@wendelstein.btl.de (H 5)

TOURISMUSGEMEINSCHAFT INN-SALZACH
Kapellplatz 2a, 84503 Altötting, Tel. (086 71) 50 62 28, Fax 858 58, E-Mail: info@altoetting-touristinfo.de, Internet: www.altoetting-touristinfo.de (K 2)

TOURISMUSVERBAND CHIEMGAU
Ludwig-Thoma-Str. 3, 83276 Traunstein, Tel. (08 61) 582 23, Fax 642 95, E-Mail: tourismus@chiemgau.btl. de, Internet: www.chiemgau.com/chiemgau (K 4)

CHIEMSEE TOURISMUS
Rottauer Str. 6, 83233 Bernau, Tel. (080 51) 22 80 und Fax (080 51) 610 97, E-Mail: info@mychiemsee.de, Internet: www.mychiemsee.de (I 4)

FREMDENVERKEHRSVERBAND DES BERCHTESGADENER LANDES
Königsseer Straße 2, 83471 Berchtesgaden, Telefon (086 52) 96 70, Fax 96 74 00, E-Mail: info@berchtesgaden.de, Internet: www.berchtesgadener-land.com (M 5/6)

ÜBER NACHT

Vom schlichten Privatquartier bis zum luxuriösen First-Class-Hotel bieten Oberbayerns Ferienregionen Unterkünfte für jeden Geschmack und in jeder Preislage. München ausgenommen stehen rund 800 Hotels, knapp 900 Gasthöfe und ebenso viele Pensionen sowie private Gästezimmer zur Verfügung, hinzu kommen rund 2000 Bauernhöfe mit Gästebetten. Viele Hotels offerieren attraktive Pauschalangebote, besonders außerhalb der Hauptsaison. Wer in den Sommermonaten kommen möchte, sollte rechtzeitig buchen. Wir stellen in den einzelnen Regionen jeweils eine kleine Auswahl unterschiedlichster, empfehlenswerter Häuser vor.

Tipps für das nördliche Oberbayern ➤ siehe auch S. 66; Unterkünfte in Eichstätt ➤ siehe S. 79

STARNBERGER FÜNF-SEEN-LAND

Dießen/Ammersee
STRANDHOTEL
Jahnstr. 10, Tel. (088 07) 922 20, Fax 89 58, 18 Zi., DZ ab 130 DM Komfortables Haus mit schönem Blick, direkt am Ammersee. Hauseigenes Strandbad mit Badesteg, Liegewiese und Seeterrasse. Auch das Dießener Strandbad ist nicht weit entfernt (C 4)

Feldafing/Starnberger See
HOTEL KAISERIN ELISABETH
Tutzinger Straße 2-6, Tel. (081 57) 930 90, Fax 930 91 33, 71 Zi., DZ ab 380 DM Attraktion ist die Sissi-Suite mit alten Möbeln und jenem Messingbett, in dem die österreichische Kaiserin bei ihren Besuchen genächtigt haben soll. Tennisplatz im Garten, Golfplatz vor dem Haus, Terrasse mit Seeblick (D 4)

Münsing/Starnberger See
HOTEL SCHLOSSGUT OBERAMBACH
Münsing-Oberambach, Tel. (081 77) 93 23, Fax 93 24 00, 32 Zi., 6 Suiten, DZ ab 230, Suite ab 460 DM (ohne Frühstück) Abgeschiedene Lage in einer Parklandschaft hoch über dem See. Stilvoll eingerichtete Zimmer, Rauchverbot in allen Räumen. Restaurant mit Schwerpunkt Vollwertküche aus biologischem Anbau (D 4)

Seefeld-Meiling/Wörthsee
LANDGASTHOF ZUM SEPPERL
Dorfstraße 35, Tel. (081 53) 34 06, Fax 43 78, 12 Zi., DZ 118 DM, ab zwei Nächten 108 DM Beliebter Gasthof mit bayerischer Küche, Zimmer modern mit viel Holz, Liegewiese, Spielplatz im Garten, Biergarten (C 3)

Utting-Holzhausen/Ammersee
SONNENHOF
Ammerseestr. 1, Tel. (088 06) 20 31, Fax 27 89, 26 Zi., DZ ab 150 DM Ruhige Lage, schöner Biergarten, 300 Jahre alte Zirbelstube, Dampfbad, Sauna. Zehn Gehminuten zum See (C 3)

WERDENFELSER LAND UND PFAFFENWINKEL

Bad Bayersoien
SILENCE PARKHOTEL
Am Kurpark 1, Telefon (088 45) 120, Fax 83 98, 55 Zi., 35 Apartments, DZ ab 198 DM Schön gelegen am Bayersoiener See. Trotz der Größe ansprechender Landhausstil, exzellente Küche, Biergarten, umfangreiches Wellnessprogramm (B/C 5)

Bad Kohlgrub
PFEFFERMÜHLE
Trillerweg 10, Tel. (088 45) 740 60, Fax 10 47, 6 Zi., 2 Ferienwohnungen, DZ ab 100 DM Gepflegtes Haus, familiär geführt, nahe dem Ortszentrum, Restaurant mit regionaler Küche und Vollwertkost (C 6)

Garmisch-Partenkirchen
LANDHAUS HOHE TANNEN
Zoeppritzstr. 13, Telefon (088 21) 546 47, Fax 740 41, 11 Zimmer, 2 Apt., DZ ab 110 DM Charmantes Landhaus mit schönem Erker und Bergblick, umgeben von einem parkähnlichen Garten mit Liegewiese (C 7)

REINDL'S PARTENKIRCHNER HOF
Bahnhofstr. 15, Tel. (088 21) 580 25, Fax 734 01, 51 Zi., 20 Apartments, 4 Suiten, DZ ab 180 DM, Suite ab 560 DM Traditionsreiches Haus im Zentrum von Partenkirchen, das sich gleichermaßen als Ferien- und als Sporthotel eignet. Zimmer bayerisch-rustikal, feines Restaurant mit Hummer aus dem eigenen Meerwasserbecken und saisonalen Produkten wie Austern, Spargel und Pilzen. Am Haus entlang verläuft der Fußweg zur Partnachklamm und zum Kramerplateauweg

Iffeldorf
LANDGASTHOF OSTERSEEN
Hofmark 9, Tel. (088 56) 928 60, Fax 92 86 45, 24 Zi., DZ ab 162 DM Modernes Haus mit ländlich eleganter Note, komfortable Zimmer mit Blick auf die Osterseen und Berge. Restaurant mit leichter bayerischer Küche, am schönsten sitzt man auf der Sonnenterrasse zur Seeseite (D 5)

Murnau
ALPENHOF
Ramsachstr. 8, Tel. (088 41) 49 10, Fax 49 11 00, 60 Zi., 6 Suiten, 11 Maisonetteapartments, DZ ab 270 DM, teuerste Suite ab 2200 DM pro Nacht (4 Personen) Am Murnauer Moos gelegenes Hotel der Spitzenklasse. Badelandschaft mit beheiztem Freibad, Hallenbad, Sauna, Fitnessraum und Tepidarium. Restaurant mit ambitionierter Gourmetküche, gehobene Preise. Gratis ist der herrliche Blick auf die Alpen von der Café-Terrasse (C/D 6)

GÄSTEHAUS AM EICHHOLZ
Am Eichholz 21, Tel. (088 41) 58 63, Fax 908 31, 6 Zi., ÜF 85 DM pro Person Idyllisch gelegene Landhausvilla, mit der die Malerin und Galeristin Gina Feder und der Landschaftsarchitekt Alexander Zentgraf eine angenehme Verbindung zwischen Kunst und Wohnen schaffen. Großzügige Gästezimmer und Apartments, wechselnde Ausstellungen in der angegliederten Galerie. Regelmäßig Kreativ-Kurse für Mal-Interessierte

Trauchgau
SPORT-HOTEL SONNENBICHL
Sonnenbichl 1, Tel. (083 68) 913 30, Fax 72 39, 23 Zimmer, DZ ab 150 DM Komforthotel mit Restaurant, Sauna, Schwimmbad, Whirlpool, Tennishalle und zwei Tennisplätzen. Idealer Ausgangspunkt für Wanderungen und Radtouren, günstige Lage für Ausflüge zur Wieskirche und zu den Königsschlössern (B 6)

TÖLZER LAND

Arzbach
BENEDIKTENHOF
Alpenbadstr. 16, Tel. (080 42) 914 70, Fax 91 47 29, 7 Zi., 3 Suiten, 1 Familiensuite, DZ ab 100 DM, Suite ab 130 DM Geschmackvoll eingerichtetes Landhotel. Wintergarten mit Bergblick, Bademöglichkeit im hauseigenen Naturteich (E 5)

Bad Tölz
HOTEL BELLARIA
Ludwigstr. 22, Tel. (080 41) 800 80, Fax 80 08 44, 22 Zi., DZ ab 170 DM Beauty- und Wellnessfarm in einer um 1860 erbauten Villa. Ruhig gelegen, barocke Stilmöbel in den Zimmern (E 5)

HOTEL KOLBERGARTEN
Fröhlichgasse 5, Tel. (080 41) 789 20, Fax 90 69, 15 Zi., DZ ab 140 DM Auf einer Anhöhe gelegenes Jugendstilhotel, jedes Zimmer individuell eingerichtet, Mobiliar teilweise Biedermeier und teilweise Barock

JODQUELLENHOF ALPAMARE
Ludwigstr. 13-15, Tel. (080 41) 50 90, Fax 50 95 55, 71 Zi., DZ ab 360 DM Modernes, elegantes Hotel im Tölzer Kurbereich, direkter Zugang („Bademantelgang") zur Therme und zum Freizeit- und Erlebnisbad Alpamare, Wellnessprogramm

LANDHAUS IRIS
Buchener Straße 26, Tel. (080 41) 783 60, Fax 78 36 42, 19 Zi., DZ 148 DM Junges, familiär geführtes Hotel

garni in einem Bilderbuchhaus mit blumenberankten Balkonen und hölzernen Fensterläden. Die Einrichtung ist modern und traditionell gemischt

Fall
HOTEL JÄGER VON FALL
Ludwig-Ganghofer-Str. 8, Telefon (08045) 130, Fax 13222, 70 Zi., 1 Ferienwohnung, DZ ab 170 DM Komforthotel am Ufer des Sylvensteinsees. Fitnessbereich mit Sauna, Whirlpool, Solarium. Zwei Restaurants. Idealer Standort für Wanderungen, Mountainbike- und Klettertouren (E 6)

Kochel am See
SEEHOTEL GRAUER BÄR
Mittenwalderstraße 82, Tel. (08851) 92500, Fax 925015, 27 Zimmer, DZ ab 140 DM Traditionsreiches Haus mit geräumigen Gästezimmern und Apartments. Einziges Hotel direkt am See, mit Badeanstalt. Viel Ausflugsverkehr (D 6)

Lenggries
GÄSTEHAUS WERNER
Bahnhofstr. 7, Tel. (08042) 9536, Fax 9537, 7 Ferienwohnungen, Übernachtung ab 30 DM pro Person In einer ehemaligen fürstlichen Wagnerei gleich neben dem Kurpark liegt dieses mit viel Liebe restaurierte und mit modernem Komfort ausgestattete Haus für Selbstversorger. Auf Wunsch wird Frühstück aufs Zimmer geliefert (10 DM pro Person) (E 5)

TEGERNSEER TAL UND WENDELSTEIN-REGION

Bad Wiessee
ROMANTIK-HOTEL LANDHAUS WILHELMY
Freihausstr. 15, Tel. (08022) 98680, Fax 9868233, 20 Zi., DZ ab 240 DM Zentral gelegenes Haus im gehobenen Landhausstil. Blick auf die Tegernseer Berge, fünf Gehminuten zum See. Feine, regionale Küche (F 5)

Kreuth
HOTEL ZUR POST
Nördliche Hauptstr. 5-7, Tel. (08029) 99550, Fax 322, 81 Zi., DZ ab 190 DM Alter Landgasthof, Zimmer mit gängigem Komfort, dazu Sauna, Whirlpool, Biergarten und Gaststuben, in denen bayerische Schmankerl serviert werden (F 6)

Rottach-Egern
HOTEL MAIER ZUM KIRSCHNER
Seestr. 23, Telefon (08022) 67110, Fax 671137, 23 Zi., 9 Apartments, 11 Ferienapartments in separatem Haus, DZ ab 200 DM Logenplatz am Tegernsee, schönes Haus, 100 Meter vom Ufer gelegen, jedoch Straße zwischen See und Haus (F 5)

Schliersee
GÄSTEHAUS LECHNER AM SEE
Seestr. 33, Tel. (08026) 94380, Fax 943899, 12 Zi., DZ ab 160 DM Idyllisch am See gelegenes Landhaus mit eigenem Badestrand und Liegewiese, Sauna, Solarium und Fitnessraum (G 5)

Spitzingsee
ARABELLA SHERATON ALPENHOTEL
Seeweg 7, Tel. (08026) 7980, Fax 798879, 109 Zi., 13 Suiten, DZ ab 294 DM, Suiten ab 180 DM pro Person Komforthotel mit geschmackvollen Zimmern, Soletherme, Whirlpool, Sauna, türkischem Bad, Beautyfarm, zwei Restaurants (G 5/6)

DAS WEISSE GOLD

Unter Tage im Berchtesgadener Salzbergwerk

Jahrhundertelang war Salz ein heiß umkämpftes Lebensmittel. Städte wie Berchtesgaden und Bad Reichenhall verdankten dem „Weißen Gold" ihren Reichtum. Im Salzbergwerk Berchtesgaden wurde bereits 1507 der erste Stollen in den Berg getrieben. Heute gelangen Besucher über lange Holzrutschen und die alte Schmalspurbahn etwa 650 Meter weit in den Berg hinein. Höhepunkt jeder Führung ist die Floßfahrt über den Salzsee unter Tage. Tgl. 9-17 Uhr, im Winter Mo-Sa 12.30-15.30 Uhr, Tel. (08652) 60020 M 5/6. In der Saline Bad Reichenhall ist besonders das unterirdische Salzmuseum zu empfehlen: Die Pumpwerke und Wasserräder laufen und fördern das Salz wie vor 500 Jahren. Tgl. 10 bis 11.30, 14-16 Uhr, im Winter nur Di und Do nachmittags, Tel. (08651) 7002146 L 5

INN- UND SALZACH-REGION

➤ siehe S. 66

CHIEMGAU

Aschau
RESIDENZ WINKLER
Kirchplatz 1, Tel. (08052) 17990, Fax 1799315, 33 Zi., 19 Suiten, DZ ab 290 DM, DZ Deluxe (z.T. mit antikem Mobiliar) ab 390 DM, Suiten 490 DM Ehemalige Dependance von Schloss Hohenaschau, sehr großzügige, stilvolle Zimmer, dazu im Anbau exzellente Suiten, Blick auf die Kampenwand. Ziel für Gourmets ist Heinz Winklers „Venezianisches Restaurant" (zwei Michelin-Sterne). Bayerisches wird in der „Poststube" aufgetischt (I 5)

Prien
BAYERISCHER HOF
Bernauer Str. 3, Tel. (08051) 6030, Fax 62917, 46 Zi., DZ ab 160 DM Gutes Ferienhotel. Im Ortskern gelegen, Einrichtung bayerisch, viel Eiche. Blick auf Kampenwand, bayerische und internationale Küche (I 4)

YACHTHOTEL CHIEMSEE
Harrasser Str. 49, Tel. (08051) 6960, Fax 5171, 97 Zi., 5 Suiten, DZ ab 128 DM, Suite ab 170 DM Haus mit langer Tradition, allerdings völlig neu gestaltet. Highlight ist die dreistöckige Turmsuite mit Rundumbalkon (ab 210 DM p. Pers.). Außerdem Schwimmbad, Solarium, Sauna

BERCHTESGADENER LAND UND RUPERTIWINKEL

Bad Reichenhall
STEIGENBERGER AXELMANNSTEIN
Salzburgerstr. 2-6, Tel. (08651) 7770, Fax 5932, 143 Zi., 8 Suiten, DZ ab 195 DM, Suite 465 DM Eine der ersten Adressen der Region, inmitten eines Parks gelegen. Feine Küche, exquisite Einrichtung samt Hallenbad, Sauna und Fitnessraum (L 5)

Berchtesgaden
HOTEL BAVARIA
Sunklergässchen 11, Tel. (08652) 96610, Fax 64809, 29 Zi., 4 Apt., DZ ab 120 DM Familienbetrieb in Kurgartennähe mit Restaurant. Romantikzimmer mit eigenem Whirlpool, Sauna, Dampfbad, Solarium (M 5/6)

URLAUB AUF BAUERNHÖFEN

Viele der rund 2000 oberbayerischen Bauernhöfe verfügen über komfortable Zimmer und Ferienwohnungen mit Dusche, WC und TV. Fast alle Regionen präsentieren ihre Ferienhöfe in Broschüren, die bei den Fremdenverkehrsämtern erhältlich sind. Einen Katalog mit Adressen in ganz Bayern versendet der Landesverband „Urlaub auf dem Bauernhof", Kaiser-Ludwig-Platz 2, 80336 München, Tel. (089) 534312, Internet: www.bauernhof-urlaub.com

Benediktbeuern
ABRAHAMHOF
Angerfeldweg 10, Tel. (08857) 1560, Fax 694460, 6 Ferienwohnungen, ab 65 DM Bilderbuchhof mit Ziegen, Hasen, einem Haflinger, zwei Ponys. Kutschfahrten und Nächte im Heu, Abenteuerspielplatz. 1998 Bayerns beliebtester Ferienhof (D 5)

Lenggries
HINTERGRABERHOF
Am Graben 4, Tel. (08042) 8625, Fax 5321, 4 Ferienwohnungen, ab 80 DM Malerischer Hof am Brauneck, sehr kinderfreundlich, Gäste können beim Mähen selbst die Sense schwingen, auf Wunsch Reitstunden (E 5)

Murnau
GEORGIHOF
Ramsachstr. 20, Tel. (08841) 9223, Fax 623910, 5 Ferienwohnungen, ab 85 DM Stattlicher, von Blumenwiesen umgebener Hof. Kinder begeistern sich für die Fütterung der Kälber, Erwachsene genießen den Blick aufs Wettersteinmassiv (C/D 6)

Siegsdorf
DAXLBERGER HOF
Daxlberg 8, Tel. (08662) 9264, Fax 12253, 3 Ferienwohnungen, 100-140 DM, 2 Familienzimmer, 75-110 DM Auf einer Anhöhe gelegen, ruhig und familiär, liebevoll renoviert, große Spielwiese, Streichelgehege, Grillabende (K 4)

Steinebach/Wörthsee
GRUNDLER-HOF
Dorfstraße 8, Telefon (08153) 98040, Fax 980440, 10 Ferienwohnungen, 85 bis 160 DM Geschmackvoll eingerichtete Ferienwohnungen, Kinderspielplatz und Streichelzoo (C 3)

Waakirchen
OBERRIEDBAUER
Georgenried 4, Telefon/Fax (08022) 75592, 3 Ferienwohnungen, 75-100 DM Idyllisch gelegener Hof mit Kühen, Kälbern, Pferden, Ponys, Katzen, Kinderspielplatz, Liegewiese, Kräutergarten. Angeboten werden außerdem Heublumen- oder Molkebäder (F 5)

ESSEN UND TRINKEN

Tipps für das nördliche Oberbayern
➤ siehe auch S. 66, Eichstätt S. 79

MÜNCHNER UMLAND

Aying
BRAUEREIGASTHOF AYING
Zornedinger Str. 2, Tel. (08095) 705, Küche tgl. 11.30-14.30, 18-21.30 Uhr, Hauptgericht ab 20 DM Feine bayerische Küche in einer efeuumrankten alten Brauerei, die noch hauseigenes Bier produziert. Spezialität: Wildgerichte. Zum Haus gehören außerdem 28 komfortable Zimmer für Übernachtungsgäste (DZ ab 250 DM) (F 4)

Glonn
WIRTSHAUS ZUM HERMANNSDORFER SCHWEINSBRÄU
Hermannsdorf 7, Telefon (08093) 909445, Mi-Fr 12-14, 18-1 Uhr, Sa-So 12-1 Uhr, Mo-Di geschl., Hauptgericht ab 19 DM Zubereitet werden ausschließlich ökologische Produkte der Hermannsdorfer Landwerkstätten – vom Schweinefleisch über Käse bis zum Brot. Selbst gebrautes Bier, schöner Biergarten (F/G 3)

Kranzberg bei Freising
FISCHERWIRT
Obere Dorfstraße 13, Tel. (08166) 7888, Mi-Sa 17-24, So 11-22 Uhr, Mo, Di geschl., Hauptgericht ab 18 DM Urige Gaststube mit hölzernen Tischen und Bänken. Überdurchschnittlich gute Regionalküche mit südländischem Touch (E 1)

STARNBERGER FÜNF-SEEN-LAND

Ambach/Starnberger See
ZUM FISCHMEISTER
Seeuferstr. 31, Tel. (08177) 533, Mi-Fr ab 16, Sa, So ab 12 Uhr, Mo, Di

geschl., Hauptgericht ab 15 DM In der Region besser bekannt als „Bierbichler", so heißt die Schauspielerfamilie, die einst hier wohnte. Sepp Bierbichler führt das Wirtshaus mit schönem Biergarten, das scharenweise Münchner Szene-Publikum anlockt. Bayerisch-italienische Küche, fangfrischer Fisch. Eigener Badestrand für die Gäste (D 4)

Seeshaupt/Starnberger See
SEE-RESTAURANT LIDO
St.-Heinricher Str. 113, Tel. (088 01) 533, Küche tgl. 9-23 Uhr, Hauptgericht ab 13 DM Pavillonbau am Starnberger See, Terrasse mit herrlichem Blick. Gute Wild- und Fischgerichte, etwa die in Butter gebratene Starnberger-See-Renke. Von Mai bis Mitte August gibt es jeden zweiten Sonntag Frühschoppen mit Musik (D 5)

Steinebach/Wörthsee
AUGUSTINER AM WÖRTHSEE
Seepromenade 1, Tel. (081 53) 99 03 66, Küche tgl. 10-22 Uhr, Hauptgericht ab 10 DM Von der geräumigen Terrasse genießt man einen herrlichen Blick auf den idyllischen kleinen See. An sonnigen Wochenenden oft überfüllt. Die Speisekarte bietet alles, was man von der bayerischen Biergarten-Küche erwartet: vom Schweinsbraten bis zum Apfelkücherl (C 3)

Tutzing/Starnberger See
FORSTHAUS ILKA HÖHE
Oberzeismering 1, Tel. (081 58) 82 42, Küche Mi-So 12-14.30, 18-21 Uhr, Mo, Di geschl., 5-Gänge-Menü ab 90 DM, Hauptgericht ab 25 DM Für viele der schönste Gasthof im Fünf-Seen-Land. Gute regionale Küche und Biergarten. An manchen Tagen rückt der Föhn die Berge zum Greifen nahe (D 4)

Utting/Ammersee
ALTE VILLA
Seestr. 32, Tel. (088 06) 617, Küche von Aschermittwoch-31.10. tgl. 18-23, So u. Feiertage 11-23 Uhr, Jan, Feb geschl., im Winter Mo geschl., Hauptgericht ab 25 DM In den Gasträumen des denkmalgeschützten Hauses kommt deftige bayerische Küche auf den Tisch. Schöner, großer Biergarten am See. Sonntags Jazzfrühschoppen bei Weißwurst und Brezen (C 3)

WERDENFELSER LAND UND PFAFFENWINKEL

Ettal
ETTALER MÜHLE
Ettaler Mühle 1, Tel. (088 22) 64 22, Küche tgl. 10.30-21 Uhr, Hauptgericht ab 12 DM Beliebtes Ausflugslokal in der Nähe von Schloss Linderhof, das trotz des allsommerlichen Massenansturms urig geblieben ist. Gute, frisch geräucherte Forellen (C 6)

Garmisch-Partenkirchen
BRÄUSTÜBERL GARMISCH
Fürstenstr. 23, Tel. (088 21) 2312, Küche tgl. 11.30-14.30, 17.30-21.30 Uhr, Hauptgericht ab 15 DM Frisches Bier und bayerische Küche satt, Biergarten. Einmal wöchentlich Bauerntheater (C 7)

GASTHOF FRAUNDORFER
Ludwigstr. 24, Tel. (088 21) 92 70, Do-Mo 7-1, Mi 17-1 Uhr, Di geschl., Hauptgericht ab 15 DM Mit Lüftlmalerei verzierter Gasthof im Zentrum von Partenkirchen. Mächtig-deftige Gerichte, oft bayerische Spezialitäten wie Milzwurst und Haxen. Abends gibt es Ziehharmonikamusik und Schuhplattler bis der Boden bebt

Huglfing
GASTHOF ZUR MOOSMÜHLE
Hauptstraße 96, Tel. (088 02) 81 35, Küche Mi-Mo im Sommer 8-24 Uhr, Winter 11.30-14.30, 17-21 Uhr, Di geschl., Hauptgericht ab 10 DM Schöner ländlicher Gasthof mit Biergarten unter schattigen Kastanien. Klassische bayerische Küche, das Fleisch stammt aus eigener Aufzucht und Schlachtung (C 5)

Mittenwald
ALPENGASTHOF ARNSPITZE
Innsbrucker Str. 68, Tel. (088 23) 24 25, Küche Do-Mo 12-14.30, 18-23 Uhr, Di geschl., Mi nur abends, Hauptgericht ab 28 DM Feine deutsche Küche mit italienischer Note, dazu Blick aufs Karwendelgebirge. Abwechslungsreiche Karte mit Spezialitäten wie geräuchertem Saiblingfilet oder Weidelamm im Wirsingmantel (D 7)

Münsing
GASTHAUS LIMM
Hauptstr. 29, Tel. (081 77) 411, Küche Do bis Di 11.30-14, 18-21 Uhr, Mi und So abend geschl., Hauptgericht ab 18 DM Rustikaler Gasthof mit angeschlossener Metzgerei. Die Kochkunst von Küchenchef Sebastian Limm genießt einen hervorragenden Ruf. Die Speisekarte reicht von Ochsenbrust bis zu gebratenem Kalbsbries mit frischen Trüffeln (D 4)

Sindelsdorf
URTHALERHOF
Urthal 4, Tel. (088 56) 20 03, Küche tgl. 11.30-22 Uhr, Hauptgericht ab 12,50 DM Uriges Wirtshaus, großer Biergarten mit Bergblick, oft Live-Musik. Im Hofladen gibt's Geräuchertes und Wurst aus eigener Herstellung. Mehrmals im Jahr Kunsthandwerks-, Bauern- und Antikmärkte (D 5)

TÖLZER LAND

Bad Heilbrunn
GASTHAUS REINDLSCHMIEDE
Reindlschmiede 8, Telefon (080 46) 285, Küche tgl. 11.30-21 Uhr, Hauptgericht ab 14 DM Landgasthof mit hausgemachten Spezialitäten, Fleisch aus der eigenen Metzgerei, pikante Wildgerichte, großer Biergarten (E 5)

Bad Tölz
ALTES FÄHRHAUS
An der Isarlust 1, Telefon (080 41) 60 30, Küche Mi-Sa 11.30-14, 18-21 Uhr, So ab 11.30 durchgehend geöffnet, Mo, Di geschlossen, Hauptgericht ab 30 DM, 4-Gänge-Menü 95 DM, Reservierung empfohlen Eines der besten Lokalen im Tölzer Land. Internationale Küche mit französischer Finesse, köstliche Fischgerichte, Weinliebhaber können aus rund 200 Sorten wählen. Für Übernachtungsgäste stehen fünf Apartments zur Verfügung (DZ 180 DM) (E 5)

GASTHOF ZANTL
Salzstr. 31, Tel. (080 41) 97 94, Küche So bis Do 11-14, 17-22 und Sa 17-22 Uhr, Fr geschl., So im Sommer ab 18 Uhr großes vegetarisches Buffet, Hauptgericht ab 10 DM Über 200 Jahre alter Gasthof, schlichte Einrichtung mit heimeliger Atmosphäre. Vollwertküche mit Zutaten aus dem eigenen Garten. Rund ums Haus wachsen über hundert alte Rosenarten. Während der Rosenblüte im Juni gibt's Rosenbowle

Lenggries
SCHWEIZER WIRT
Schlegldorf 83, Tel. (080 42) 89 02, Küche Mi-So 11.30-14, 18-21.30 Uhr, Mo, Di geschl., Hauptgericht ab 14 DM Vier Kilometer außerhalb von Lenggries zu Füßen des Braunecks liegt dieser ländliche Gasthof. Die bayerisch und österreichisch geprägte Küche bietet Speisen wie Lammcarrée in Kräuterkruste (E 5)

Schlehdorf
FISCHERWIRT
Unterauerstraße 1, Telefon (088 51) 484, Küche Fr-Mi 11.30-21 Uhr, Do geschl., Hauptgericht ab 12,50 DM Gemütliches

MERIAN

ZUM
'EITEREMPFEHLEN

Für den neuen Abonnenten: 12 Ausgaben von Europas großem Reisemagazin zum Vorteilspreis von 149,40 DM statt 177,60 DM im Jahr (28,20 DM gespart).

Und für Sie: eine Prämie Ihrer Wahl.

MERIAN PRÄMIEN-KARTE

UNSERE PRÄMIE FÜR SIE: DAS EXKLUSIVE KELLNERMESSER VON CHÂTEAU LAGUIOLE.

Die Messerschmiede Château Laguiole ist bekannt für die Qualität ihrer Erzeugnisse. Ein echtes Meisterstück ist dieses Sommeliermesser, Sonder-Edition „Markus Del Monego".

MERIAN

JM VERSCHENKEN
DER ABONNIEREN

Ganz gleich, ob Sie MERIAN selbst lesen oder im Abonnement verschenken nöchten, Sie erhalten jeweils 12 Ausgaben im Jahr zum Vorteilspreis von 149,40 DM statt 177,60 inkl. Porto und Verpackung.

Und dazu den Original MERIAN-Windbreaker.

MERIAN GESCHENK-/ABO-KARTE

UNSER DANKESCHÖN FÜR SIE: DER ORIGINAL MERIAN-WINDBREAKER.

In dieser geräumigen Outdoor-Jacke trotzen Sie Wind und Wetter. Dafür sorgen das warme Baumwollfutter, die fest schließenden Ärmelbündchen, der Reißverschluß und die zusätzlichen Druckknöpfe und – für alle Fälle – die Kapuze im Kragen des Windbreakers.

DER FEINSCHMECKER WEIN Gourmet

DAS INTERNATIONALE WEIN MAGAZIN

JM VERSCHENKEN
DER ABONNIEREN

WEIN Gourmet ist das neue Magazin von DER FEINSCHMECKER, eutschlands führender Zeitschrift für kulinarische ebensart. Namhafte Autoren und Winzer berichten über feine Tropfen und aktuelle Trends aus der Welt des Weins. Jede Ausgabe mit großem Reise-Special und einer Fülle von Tipps und Adressen.

DER FEINSCHMECKER WEIN Gourmet DAS INTERNATIONALE WEIN MAGAZIN GESCHENK-/ABO-KARTE

DER FEINSCHMECKER WEIN GOURMET ZUM VERSCHENKEN ODER ABONNIEREN.

Unser Dankeschön an Sie: Zwei vollmundige Rotweine aus Frankreich: 1996er Cuvée Juliette, Saint-Chinian, Domaine de Gabelas und 1997er Le Clos du Caillou, Côtes du Rhône, Domaine Vacheron-Pouizin.

Ich bekomme folgende Prämie für die Vermittlung des Abonnenten:
- [ ] den Trolley von BREE (+ DM 79,– Zuzahlung)
- [ ] das Kellnermesser von Château Laguiole

Name des Prämienempfängers Vorname

Straße / Nr. PLZ / Ort

Ich bestelle MERIAN für mindestens ein Jahr im Abonnement zum Vorzugspreis von DM 149,40 pro Jahr (12 Ausgaben) frei Haus:

Name des neuen Abonnenten Vorname

Straße / Nr. PLZ / Ort

Gewünschte Zahlungsweise bitte ankreuzen: [ ] bequem und bargeldlos per Bankeinzug

Bankleitzahl Kontonummer

Geldinstitut

[ ] Gegen Rechnung. Ich warte ab, bis Sie mir die Rechnung schicken.

Datum / 1. Unterschrift

Vertrauensgarantie: Die Bestellung wird erst wirksam, wenn sie nicht binnen einer Woche schriftlich beim MERIAN-Leserservice, Postfach 60 12 20, 22212 Hamburg, widerrufen wird. Zur Wahrung der Frist genügt die rechtzeitige Absendung des Widerrufs. Dieses Angebot gilt nur in der Bundesrepublik Deutschland und solange der Vorrat reicht. Die Kenntnisnahme dieser Hinweise bestätige ich durch meine zweite Unterschrift:

2. Unterschrift ME 6/00 · 786 / 787

Das Porto bezahlen wir für Sie

Antwort

MERIAN
Leserservice
Postfach 60 12 20

22212 Hamburg

- [ ] **Ich möchte MERIAN selbst abonnieren:** 12 Hefte im Jahr für DM 149,40
- [ ] **Ich möchte MERIAN verschenken.** Senden Sie bitte MERIAN für 1 Jahr (12 Hefte für DM 149,40) an folgende Adresse:

Name / Vorname des Abo-Empfängers

Straße / Nr. PLZ / Ort

Ich bekomme die Rechnung und den MERIAN-Windbreaker

Name / Vorname des Rechnungs-Empfängers

Straße / Nr. PLZ / Ort

Gewünschte Zahlungsweise bitte ankreuzen: [ ] bequem und bargeldlos durch Bankeinzug

Bankleitzahl Kontonummer

Geldinstitut

[ ] Gegen Rechnung. Ich warte ab, bis Sie mir die Rechnung schicken.

Datum / Unterschrift

Vertrauensgarantie: Die Bestellung wird erst wirksam, wenn sie nicht binnen einer Woche schriftlich beim MERIAN-Leserservice widerrufen wird. Zur Wahrung der Frist genügt die rechtzeitige Absendung des Widerrufs. Das Dankeschön kann ich auch dann behalten. Das Angebot gilt nur in der Bundesrepublik Deutschland und solange der Vorrat reicht. Dies bestätige ich mit meiner zweiten Unterschrift:

2. Unterschrift ME 6/00 · 788 / 789

Das Porto bezahlen wir für Sie

Antwort

MERIAN
Leserservice
Postfach 60 12 20

22212 Hamburg

- [ ] **Ich möchte WEIN Gourmet selbst abonnieren:** 4 Hefte im Jahr für DM 51,20
- [ ] **Ich möchte WEIN Gourmet für 1 Jahr verschenken.** Senden Sie bitte die nächsten 4 Hefte für DM 51,20 an folgende Adresse:

Name / Vorname des Abo-Empfängers

Straße / Nr. PLZ / Ort

Die Rechnung und die Weine gehen an mich:

Name / Vorname des Rechnungs-Empfängers

Straße / Nr. PLZ / Ort

Gewünschte Zahlungsweise bitte ankreuzen: [ ] bequem und bargeldlos durch Bankeinzug

Bankleitzahl Kontonummer

Geldinstitut

[ ] Gegen Rechnung. Ich warte ab, bis Sie mir die Rechnung schicken.

Datum / Unterschrift

Vertrauensgarantie: Die Bestellung wird erst wirksam, wenn sie nicht binnen einer Woche schriftlich beim WEIN Gourmet-Leserservice widerrufen wird. Zur Wahrung der Frist genügt die rechtzeitige Absendung des Widerrufs. Das Dankeschön kann ich auch dann behalten. Das Angebot gilt nur in der Bundesrepublik Deutschland und solange der Vorrat reicht. Dies bestätige ich mit meiner zweiten Unterschrift:

2. Unterschrift ME 6/00 · 19108, 19109

Das Porto bezahlen wir für Sie

Antwort

WEIN Gourmet
Leserservice
Postfach 60 12 20

22212 Hamburg

DIE VORTEILE, WENN SIE MERIAN ABONNIEREN

1. DER PREISVORTEIL
Sie erhalten 12 Hefte zum Vorzugspreis von DM 149,40 statt DM 177,60 und sparen DM 28,20. Das sind 15 %!

2. DER LIEFERVORTEIL
Jeden Monat bekommen Sie MERIAN pünktlich frei Haus. Die Kosten für Verpackung und Porto übernehmen wir.

3. DIE RESERVIERUNG
Von jedem neuen MERIAN ist ein Exemplar für Sie reserviert, auch wenn die Ausgabe sonst vergriffen sein sollte.

4. DIE VERTRAUENS-GARANTIE
Eine Bestellung wird erst wirksam, wenn sie nicht binnen einer Woche schriftlich beim MERIAN-Leserservice, Postfach 60 12 20, 22212 Hamburg, widerrufen wird. Zur Wahrung der Frist genügt die rechtzeitige Absendung des Widerrufs.

Selbstverständlich können Sie Ihr MERIAN-Abonnement jederzeit per Fax 040 / 27 17 20 79 oder telefonisch über unsere Abo-Hotline bestellen. Wählen Sie 0180 / 5 110 110. (24 Pf/Min.)

(Aus dem Ausland bitte Rufnummer für Deutschland vorwählen)

A
B
C
D
E
Augsburg
Regionalflughafen Augsburg
Aichach
Gersthofen
Neusäß
Dom
St. Ulrich
Stadtbergen
Friedberg
Göggingen
Bobingen
Königsbrunn
Mering
Schwabmünchen
Untermeitingen
Lechfeld
Klosterlechfeld
Kaufering
Landsberg a. Lech
Schloss Pöring
Buchloe
Kaufbeuren
Marktoberdorf
Schongau
Peißenberg
Weilheim i. OB.
Füssen
Hohes Schloss
Hohenschwangau
Neuschwanstein
Reutte
ÖSTERREICH
Zugspitze
2962
Garmisch-Partenkirchen
Mittenwald
Murnau a. Staffelsee
Oberammergau
Schloss Linderhof
Kloster Ettal
Wieskirche
Penzberg
Bad Tölz
Geretsried
Wolfratshausen
Starnberg
Tutzing
Starnberger See
Ammersee
Kloster Andechs
Dießen
Fürstenfeldbruck
Germering
Gräfelfing
Dachau
Karlsfeld
Olching
Maisach
Oberschleißheim
Unterschleißheim
Neues Schloss
Lustheim
Olympiapark
Schl. Nymphenburg
MÜNCHEN
Frauenkirche
Deutsches Museum
Tierpark Hellabrunn
Thalkirchen
Pullach i. Isartal
Grünwald
Unterhaching
Oberhaching
Ottobrunn
Neubiberg
Taufkirchen
Kochel a. See
Kochelsee
Walchensee
Benediktbeuern
Kloster Benediktbeuern
Glentleiten (Freilichtmus.)
Lenggries
Karwendelgebirge
Naturschutzgebiet
Wettersteinwand
Alpspitze
Kramerspitz
Schloss Schachen
Olympia-Schanze
Olympia-Skistadion
Staffelsee
Riegsee
Forggensee
Kloster Wessobrunn
Erdfunkstelle
Pilsensee
Wörthsee
Hohenpeißenberg
Peißenberg 988
Deutsche Alpenstraße
Romantische Straße

Autobahn
Autobahnähnliche Straße
Fernverkehrsstraße
Hauptstraße
Wichtige Nebenstraße
Nebenstr., Fahrweg
Entfernung in km
Eisenbahn
Sehenswürdigkeit
Kirche, Kloster
Schloss, Burg
Ruine
Höhle
Aussichtspunkt
Seilbahn
Flughafen
Flugplatz
UNESCO Weltkulturerbe
Naturschutzgebiet
Nationalpark
Moor, Moos
Schifffahrtslinie
© MERIAN-Kartographie
Hessen
Thüringen
Sachsen
Unter-franken
Ober-franken
Würzburg
Bayreuth
TSCHECHISCHE REPUBLIK
Mittel-franken
Ansbach
Oberpfalz
Regensburg
s. Seite 134
Baden-Württemberg
Niederbayern
Landshut
Augsburg
Schwaben
München
Oberbayern
s. Straßenkarte
CH
ÖSTERREICH
OB
Flughafen München
Erding
Therme Erding
Ebersberger Forst
Ebersberg
Grafing b. München
Vaterstetten
Haar
Wasserburg a. Inn
Mühldorf a. Inn
Waldkraiburg
Altötting
Burgkirchen a.d. Alz
Neuötting
Trostberg
Traunreut
Traunstein
Siegsdorf
Rosenheim
Bad Aibling
Kolbermoor
Bad Endorf
Prien a. Chiemsee
Chiemsee
Frauenwörth
Schloss Herrenchiemsee
Bernau a. Chiemsee
Grassau
Miesbach
Holzkirchen
Gmund a. Tegernsee
Schliersee
Tegernsee
Bruckmühl
Raubling
Brannenburg
Oberaudorf
Kiefersfelden
Kufstein
Aschau
Schloss Hohenaschau
Kampenwand
Hochfelln
Hochgern
Wendelstein
Rotwand
Taufkirchen (Vils)
Haag i. OB
Isen
Dorfen
Inntal
Chiemgauer Berge
Schlierseer Berge
Mangfallgebirge
Kitzbüheler Alpen
Deutsche Alpenstraße
Deutsche Ferienroute Alpen-Ostsee

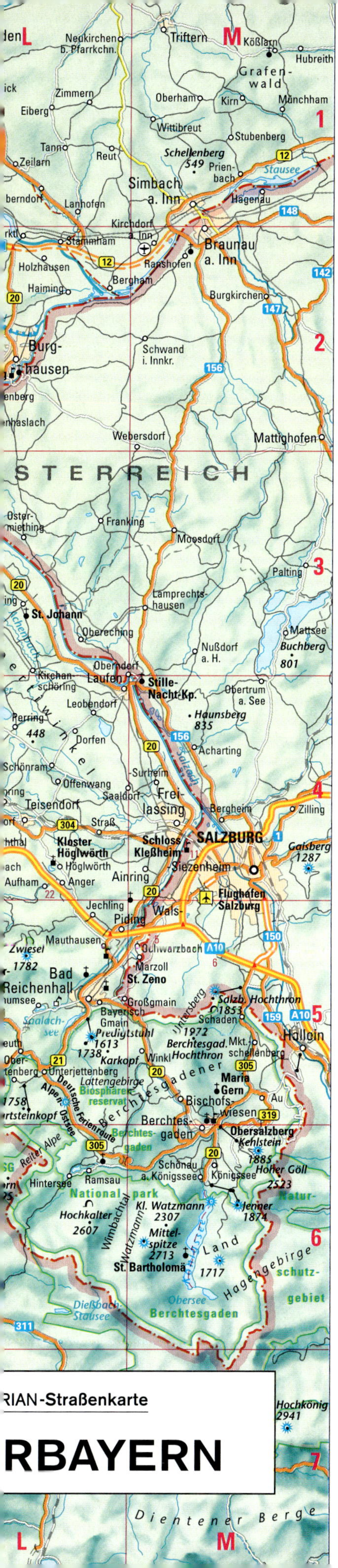
Neukirchen b. Pfarrkchn.
Triftern
Kößlarn
Hubreith
Grafenwald
Zimmern
Eiberg
Oberham
Kirn
Münchham
Wittibreut
Stubenberg
Tann
Reut
Zeilarn
Schellenberg 549
Prienbach
Stausee
Simbach a. Inn
Hagenau
Lanhofen
Kirchdorf a. Inn
Stammham
Braunau a. Inn
Ranshofen
Holzhausen
Haiming
Bergham
Burgkirchen
Burghausen
Schwand i. Innkr.
Webersdorf
Mattighofen
STERREICH
Franking
Moosdorf
Palting
Lamprechtshausen
St. Johann
Obereching
Nußdorf a. H.
Mattsee
Buchberg 801
Oberndorf
Laufen
Stille-Nacht-Kp.
Kirchanschöring
Leobendorf
Obertrum a. See
Haunsberg 835
Perring 448
Dorfen
Acharting
Schönram
Offenwang
Surheim
Freilassing
Saaldorf
Teisendorf
Straß
Bergheim
Zilling
Kloster Höglwörth
Schloss Kleßheim
SALZBURG
Gaisberg 1287
Aufham
Anger
Ainring
Siezenheim
Flughafen Salzburg
Jechling
Piding
Wals
Mauthausen
Zwiesel 1782
Bad Reichenhall
Marzoll
St. Zeno
Schwarzbach
Großgmain
Bayerisch Gmain
Salzb. Hochthron 1853
Schaden
Hallein
Predigtstuhl 1613
Karkopf 1738
Berchtesgad. Hochthron 1972
Winkl
Mkt. Schellenberg
Lattengebirge
Biosphären-reservat
Maria Gern
Bischofswiesen
Berchtesgadener
Alpe
Deutsche Alpenstraße
Berchtesgaden
Obersalzberg
Kehlstein 1885
Hoher Göll 2523
Ramsau
Hintersee
Schönau a. Königssee
Königssee
National park
Hochkalter 2607
Kl. Watzmann 2307
Jenner 1874
Wimbachtal
Watzmann
Mittelspitze 2713
St. Bartholomä
Land
1717
Hagengebirge
Natur-schutz-gebiet
Obersee
Berchtesgaden
Dießbach-Stausee
Hochkönig 2941
Dientener Berge
RIAN-Straßenkarte
RBAYERN

ORTE

Restaurant mit rustikaler Holzstubn und eleganterem Herzogstand-Stüberl. Achten Sie auf die Spezialitätenwochen – etwa zu Fisch, Wild oder Spargel. Vom Biergarten Blick auf Kochelsee und Herzogstand (D 6)

Wolfratshausen
PATRIZIERHOF
Untermarkt 17, Tel. (081 71) 225 33, Küche Mi-So 12-14, 18.30-21.30 Uhr, Mo, Di geschl., 5-Gänge-Menü 105 DM, Hauptgericht ab 29 DM Das Edelrestaurant im Innenhof eines alten Brauhauses lockt Feinschmecker aus München und dem gesamten Oberland an. Gehobene Küche mit mediterranem Einschlag (D/E 4)

TEGERNSEER TAL UND WENDELSTEIN-REGION

Bad Wiessee
FREIHAUS BRENNER
Freihaus 4, Tel. (080 22) 820 04, tgl. 9-24, Küche 11.30-14, 18.30-22 Uhr, Hauptgericht ab 17 DM Café-Restaurant mit bayerischer und internationaler Küche, auch für Feinschmecker lohnend (F 5)

Gmund
GUTSHOF KALTENBRUNN
Wiesseer Str. 20, Telefon (080 22) 79 69, Küche tgl. 12 bis 14.30, 18-22 Uhr, im Winter Mo geschl., Hauptgericht ab 15 DM Der Biergarten des restaurierten Gutshofs ist der schönste der Gegend. Bayerische Küche und guter selbst gebrannter Schnaps (F 5)

Oberaudorf
ALPENGASTHOF HOTEL FEURIGER TATZLWURM
An der Deutschen Alpenstraße, Tel. (080 34) 300 80, tgl. 6-24 Uhr, Küche 11.30-21.30 Uhr, Hauptgericht ab 10 DM Einsam in den Bergen gelegener Gasthof, in dem einst Maler wie Wilhelm Leibl und andere Künstler seiner Zeit einkehrten. Beliebtes Ausflugslokal mit Kachelofen, holzgetäfelten Wänden und gehobener gutbürgerlicher Küche (H 5)

Schliersee
SACHS RESTAURANT
Neuhauser Str. 12, Tel. (080 26) 72 38, Di-So 11-14, 17-24 Uhr, Mo geschl., 5-Gänge-Menü 85 DM, Hauptgericht ab 12 DM Angenehmes Restaurant an der Hauptstraße abseits des Sees, variationsreiche Menüs. Tipp: das „Menüstüberl" mit wechselnden Angeboten, z.B. donnerstags 4-Gänge-Menü inkl. Wein für 50 DM. Zum Haus gehört auch eine Pizzeria (tgl. außer Mo 17-23 Uhr) (G 5)

Tegernsee
HERZOGLICH BAYERISCHES BRÄUSTÜBERL
Schloßplatz 1, Telefon (080 22) 41 41, Küche tgl. 9-23 Uhr, Brotzeiten 7-16 DM Was den Münchnern ihr Hofbräuhaus, ist den Tegernseern das „Herzoglich Bayerische Brauhaus" im ehemaligen Benediktinerkloster und späteren Schloss. Im rustikalen Kellergewölbe wird altbayerische Lebensart gepflegt – bei frischem Bier vom Fass und deftigen Brotzeiten. Schweinshaxn und Spanferkel serviert ein paar Schritte weiter der „Herzogliche Schloßkeller" (F 5)

LEEBERGHOF
Ellingerstr. 10, Tel. (080 22) 39 66, Di bis Fr ab 14 Uhr, Sa, So und Feiertage ab 12 Uhr, Mo geschl., Nov. bis Ende Apr. auch Di geschl., 4-Gänge-Menü ab 98 DM, Hauptgericht ab 39 DM, Reservierung erforderlich Witzigmann-Schüler Markus Bischoff versteht es, regionale Küche fantasievoll zu komponieren. Wunderbarer Blick auf See und Berge

INN-SALZACH-REGION

➤ siehe auch S. 66

Mühldorf am Inn
GRILLSTUBE STARKHEIM
Starkheim 2, Telefon (086 31) 59 82, Küche Di-Fr 18-1, Sa 14.30-1 Uhr, So 10-1 Uhr, Mo geschl., Grillgericht ab 15 DM Der offene Kamin in der Gaststube ist die Attraktion des Hauses. Darin werden die saftigen Steaks gegrillt, für die das Lokal bekannt ist. Auf der Karte stehen auch vegetarische Gerichte (I/K 2)

Töging am Inn
LANDHAUS ENGFURT
Engfurt 1, Tel. (086 31) 991 17, Küche Do-Di 11-14, 18-22 Uhr, Mi geschl., Hauptgericht ab 10 DM Landgasthof aus dem 18. Jh. Beliebtes Ausflugsziel für Radfahrer und Wanderer, die gutbürgerliche und gehobene Küche zu schätzen wissen, Spezialität: Ochsenfleisch aus eigener Schlachtung. Am Haus auch Biergarten und Minigolfanlage (K 2)

CHIEMGAU/CHIEMSEE

Prien
MESNERSTUB'N
Urschalling 4, Telefon (080 51) 39 71, Mo, Mi-Sa 15-1, So und Feiertage ab 10 Uhr, Di geschl., im Winter auch Mi geschl., Hauptgericht ab 12 DM Etwa drei Kilometer südlich von Prien gelegen, mit bodenständig-bayerischer Küche. Spezialität ist der Schnaps „Urdei" (I 4)

Reit im Winkl
BERGGASTHOF JEDERER
Jederer 1, Tel. (086 40) 85 67, Küche Do-Di 11-14, 17.30-21 Uhr, Mi geschl., Hauptgericht ab 14 DM Kaiserschmarrn und Kaisergebirge kann man gleichzeitig in dem Hotelrestaurant mit herrlicher Aussicht genießen. Etwa einen Kilometer über dem Ort gelegen, regionale und internationale Küche (I 5)

Ruhpolding
WINDBEUTELGRÄFIN
Branderstr. 37, Telefon (086 63) 16 85, Küche tgl. 11.30-17.30 Uhr, Hauptgericht ab 14 DM Etwas außerhalb des Orts liegt der denkmalgeschützte Mühlbauernhof. Höhepunkt der sehr guten regionalen Küche ist der Nachtisch: eine gewaltige Auswahl an Riesenwindbeuteln mit Füllungen aller Art (K 5)

Tuntenhausen-Ostermünchen
GASTHOF ZUR POST
Rotterstr. 2, Tel. (080 67) 908 00, Küche Mi-So 11.30-14, 17.30-21.30 Uhr, Mo, Di geschl., Hauptgericht ab 28 DM Zwei Welten unter einem Dach: ein typisch bayerischer Landgasthof mit traditioneller Speisekarte – daneben das moderne „Salettl", ein Anbau, in dem der Küchenchef Extravagantes wie Tomatenmousse mit Lachs auftischt (G 4)

Waging am See
KURHAUSSTÜBERL
Am See 1, Tel. (086 81) 400 912, Mi bis So 11.30-14, ab 18.30 Uhr, Mo, Di geschl., Hauptgericht ab 49 DM, Reservierung erforderlich Gourmettempel ersten Ranges unter der Regie von Sternekoch Alfons Schuhbeck. Ideenreiche Regionalküche, direkt am See gelegen, elegant-rustikal eingerichtet. Günstiger, obwohl aus der gleichen Küche, der Mittagstisch im „Campingstüberl" (L 4)

Wasserburg am Inn
HERRENHAUS
Herrengasse 17, Tel. (080 71) 28 00, Di-Sa 11-14, 18-24 Uhr, Mo und So abend geschl., Hauptgericht ab 20 DM Altes Haus im spätgotischen Stil, in dem regionale Küche mit italienischem und französischem Einfluss serviert wird. Großes Angebot an Weinen und gut gereiften Käsen (H 3)

Wasserburg-Attel
GASTHOF FISCHERSTÜBERL
Attel-Elend 1, Telefon (080 71) 25 98, Küche Mi-Mo 11.30-23.30 Uhr, Di geschl., Hauptgericht 10-30 DM Unterhalb des Klosters Attel gelegen, gemütlich-elegant eingerichtet. Die leichte Küche bietet Forellen aus eigener Zucht und andere Fischgerichte, aber auch Wild und Vegetarisches, dazu Wein aus ökologischem Anbau. Im Haus befindet sich außerdem das Bistro „Wunderlampe" mit orientalisch-vegetarischer Küche (Di bis So 18-1 Uhr, Mo geschl.) (H 3)

BERCHTESGADENER LAND UND RUPERTIWINKEL

Bad Reichenhall
BRAUEREI-GASTHOF BÜRGERBRÄU
Rathausplatz, Telefon (086 51) 60 80, Küche tgl. 10.30-23 Uhr, Hauptgericht ab 12 DM Traditionelles Gasthaus mit bayerischer Küche. Die einzelnen Stüberl sind sehr schön mit alter Handwerks- und Schnitzkunst ausgestattet. Zum Haus gehören auch 32 Zimmer für Übernachtungsgäste (L 5)

HOFWIRT
Salzburger Straße 21, Tel. (086 51) 983 80, Küche tgl. 11.30-14, 17.30 bis 21 Uhr, außerhalb der Saison Mi geschl., Hauptgericht ab 15 DM Alter Hof aus dem Jahr 1546. Unter dem historischen Gewölbe lässt man sich bayerische Schmankerl mit Fisch und Wild schmecken. Das Haus bietet außerdem 20 Fremdenzimmer (ÜF ab 60 DM pro Person)

SCHWEIZER STUBEN
Thumseestr. 11, Tel. (086 51) 27 60, Küche Do-Di 12-14 Uhr, 18-22 Uhr, Mi geschl., Hauptgericht ab 28 DM Seit Jahren die erste Adresse in Reichenhall. Kleines Feinschmeckerhaus für etwa 50 Gäste in einem Rokokoschlösschen. Feine, regionale Küche mit italienischen und französischen Raffinessen, große Weinauswahl. Reservierung ratsam

Berchtesgaden
BRÄUSTÜBERL
Brauhausstr. 13, Tel. (086 52) 14 23, Küche 9.30-21.30, im Winter Mo geschl., Hauptgericht ab 11 DM Zu frischem Bier Deftiges der bayerischen Küche, neben Schweinshaxn und Leberspätzle aber auch Fleischloses wie Käsnocken mit Zwiebeln. Im Biergarten sprudelt Bier aus dem Brunnen. Ab Mai wird jeden Samstagabend Almtanz mit Schuhplattlern geboten (M 5/6)

schäft, das auch Stoffe und elegante Herrenmode führt. Lederhosen werden nach Maß angefertigt (C 7)

Glonn
HERMANNSDORFER LANDWERKSTÄTTEN
Hermannsdorf 7, Tel. (080 93) 909 40, Di-Do 9-13.30, 15-18 Uhr, Fr 9-18, Sa 8.30-13 Uhr Handgemachte Lebensmittel in ökologischer Qualität aus der eigenen Metzgerei, Vollkorn-Bäckerei, Brauerei, Rohmilch-Käserei und Brennerei. Rings um den Gutshof lädt das Projekt „Kunst geht in die Natur“ zum Verweilen ein, außerdem gibt es regelmäßige Hofführungen, Kunsthandwerkermärkte und Hoffeste (F/G 3)

Grabenstätt
ICEPALMS
Chieminger Straße 17, Tel. (086 61) 14-17, Mo-Fr 12-18.30, Sa 10-13 Uhr Sportbekleidung und sportliche Freizeitmode der Marken Windsurfing Chiemsee und Matador (K 4). Preisgünstiger geht es in Übersee: Hier bietet ein Factory Outlet reduzierte Restposten und Chiemsee-Artikel der zweiten Wahl an: Chiemsee Seconds, Greimelstr. 28 a, Telefon (086 42) 50 39, Mo, Mi, Fr 16.30-18, Sa 9.30-11 Uhr (K 4)

Grainau
HOLZSCHNITZEREI SIMON RUNGGALDIER
Eibseestr. 4, Tel. (088 21) 824 77, Mo bis Fr 9-12.30, 14-18 Uhr Holzfiguren jeder Art und Größe – von kleinen Geschenkartikeln bis zur drei Meter hohen Skulptur, dazu auch Reliefs und Porträts. Gearbeitet wird nach eigenen Vorlagen, alten Originalen oder Kundenwünschen (C 7)

München
SCHUH-BERTL
Kohlstr. 3, Tel. (089) 29 71 62, Mo-Fr 11-20, Sa 11-16 Uhr Bertls Spezialität ist der oberbayerische Haferlschuh, handgemacht in alter Zwienahttechnik, außerdem Jagdrucksäcke und Taschen (E 2/3)

Rosenheim
KLEPPER
Klepperstr. 18, Tel. (080 31) 140 24, Mo-Fr 9-12.30, 13.30-18, Sa 9-13 Uhr, erster Sa im Monat bis 16 Uhr Trekking-, Bergsport- und Wintersportbekleidung des Outdoor-Spezialisten. Verkauf auf dem Firmengelände, Artikel bis zu 50 Prozent günstiger als im Einzelhandel (H 4)

Rottenbuch
SCHÖNEGGER KÄSE-ALM
Schönegg 6, Tel. (088 67) 489 oder (088 62) 980 10, April bis Okt. tgl. 9.30-18.30, im Winter Do-So 11-17 Uhr Bergkäserei, die Käse ohne jegliche Zusätze im alten Handwerksverfahren herstellt – probieren kann man auf der Terrasse vorm Haus mit prächtigem Bergblick. Zwischen Echelsbacher Brücke und Wildsteig in der Nähe der Wieskirche gelegen, ca. 20 Min. Spaziergang vom Parkplatz, Käse wird auch im Versand geliefert (B 5)

Seeon
JANSON WERKSTÄTTEN
Weinbergstr. 70, Tel. (086 24) 925 48, Mo-Fr 8-18, Sa 8-13 Uhr Kleine Fundgrube für Sammler von Kunstgegenständen unterschiedlichster Art und individuellen Bauernmöbeln (werden nach Wunsch angefertigt). Außerdem schöne Krippen in unterschiedlichen Größen und Preislagen, handgefertigter Gold- und Silberschmuck sowie eine große Auswahl an Spiegeln (I 3)

Siegsdorf-Eisenärzt
URBAUER ANTIQUITÄTEN
Dorfstr. 33-35, Tel. (086 62) 126 00 oder (086 1) 23 67, Do-Fr 10-18, Sa 10-16 Uhr und nach Vereinbarung Sehr große Auswahl an Antiquitäten aus allen Epochen: Schmuck, Glas, Porzellan sowie zahlreiche Ölgemälde. 800 Stil- und Bauernmöbel auf Lager, natur, geschnitzt oder bemalt, außerdem Do-Sa großer Flohmarkt (K 4/5)

Starnberg
TRACHTENMODE HILDE PALM
Tutzinger-Hof-Platz 3, Tel. (081 51) 152 53, Mo-Fr 9-18, Sa 9-13 Uhr, am ersten Sa des Monats 9-16 Uhr Vielseitige Trachtenmode, sportlich, klassisch oder im eleganten Landhausstil (D 3)

FESTE

Trachtenfeste und Wallfahrten, Seefeste, Prozessionen, Ritterspiele und Konzerte: Irgendwo wird immer gefeiert. Ein Überblick über die wichtigsten Veranstaltungen:

Januar/Februar Am 6. Januar traditionelles Hörnerschlitten-Rennen in Garmisch-Partenkirchen; an Fasching Schnabler-Rennen in Gaißach bei Bad Tölz (je nach Schneelage)
März/April Im März Starkbieranstich auf dem Nockherberg in München, im April Georgiritte in Traunstein (Ostermontag) Traunreut und Tittmoning
Mai Maibaum-Aufstellen am 1. Mai in zahlreichen Orten, Auftakt der Sommerkonzertreihe in Benediktbeuern und Beginn des Musiksommers zwischen Inn und Salzach im Chiemgau (jeweils bis Ende September). Ende Mai Trachtenwallfahrt von Siegsdorf nach Maria Eck, an der rund 5000 Trachtler und Trachtlerinnen teilnehmen
Juni Zahlreiche Fronleichnamsprozessionen – besonders schön in der Jachenau; ein einzigartiges Schauspiel ist die Seeprozession mit Booten auf dem Staffelsee
Juli/August Ritterturniere in Kaltenberg, Ritterspiele in Kiefersfelden. Sommerfeste im gesamten Voralpenland. Ab Mitte Juli traditionelle Seefeste, teilweise mit Fischer- oder Schifferstechen und Feuerwerk. Besonders sehenswert sind am Sonntag nach Maria Himmelfahrt die Stumme Prozession in Vilgertshofen bei Landsberg am Lech sowie Ende August die Almer Wallfahrt von Maria Alm über das 2000 Meter hohe Steinerne Meer nach St. Bartholomä am Königssee
September/Oktober Oktoberfest in München. Am dritten Sonntag im Oktober Kirchweihfeste in vielen Gemeinden
November/Dezember Die Leonhardifahrten und -ritte am 6. Nov. (in manchen Orten ein paar Tage früher) sind die letzten großen Brauchtumsfeste des Jahres – besonders schön in Bad Tölz, Benediktbeuern und Murnau, außerdem in Kreuth und Fischhausen am Schliersee. In der „staaden Zeit“ (Advent) Christkindlmärkte, von denen viele jedoch nur wenige Tage stattfinden. Am schönsten in Dießen am Ammersee und in Andechs

BÜCHER

Lena Christ, Erinnerungen einer Überflüssigen, DTV, 1999, 16,90 DM Autobiographie der bayerischen Schriftstellerin Lena Christ, bereits 1912 erstmals erschienen. Realistische, eindringliche Milieubeschreibung, Heimatliteratur der Moderne

Nicola Förg, MERIAN live! Oberbayern, Gräfe und Unzer, 1996, 12,80 DM Kompetente Tipps und Infomationen in handlichem Format für die Reise

Franz Innerhofer, Schöne Tage, DTV, 1993, 14,90 DM Preisgekrönter Debütroman Innerhofers, der in spröd-distanzierter Erzählhaltung die eigene Jugendzeit auf dem väterlichen Bergbauernhof beschreibt

Thomas A. Merk, Otto Stadler, Der Pfaffenwinkel, Ellert und Richter, 1996, 19,80 DM Bildreise durch das von Klöstern und Kirchen geprägte Land zwischen Weilheim und Füssen

Michael Pause, Münchener Hausberge, Neue klassische Ziele, BLV Verlagsgesellschaft, 1999, 29,90 DM Überarbeitete und aktualisierte Neuauflage des Klassikers von Walter Pause, 68 Bergtouren zwischen Ammergebirge und Chiemgauer Alpen, übersichtlich und kompakt vorgestellt

Ludwig Tavernier (Hrsg.), Ausstellungsstraße Barock & Rokoko Bayern Süd, Museum Ohne Grenzen, Tyrolia Verlagsanstalt, 1999, 47 DM Die Region als Ausstellungsgelände: Auf 14 Routen wird die oberbayerische Vielfalt barocker Architektur, Malerei und Plastik präsentiert

BILDNACHWEIS

Anordnung im Layout: o=oben, u=unten, r=rechts, l=links, m=Mitte. Titel: Frieder Blickle/Bilderberg; S. 3, 6 o Ulrike Romeis; S. 6 ml Robert Polidori, mr Andreas Riedmiller, ul Kalle Singer, ur Albrecht Fuchs; S. 7 Oliver Jung; S. 8 l Rudolf Hetzmanns-eder/IG Jazz Burghausen, or R. Waldkirch/Transglobe, rm Gebhard Krewitt/Visum, ru Hans Fürmann; S. 10 or, ml Riedmiller, mr Reinhard Silbernagl, ul Rainer Martini/Look; S. 12 o, mr, ur Riedmiller, ml Poehlmann/Maritius, ul Peter Neusser; S. 16-34 Tina Hager; S. 40-51 Polidori; S. 53 Hager; S. 56-65 Gregor Lengler; S. 70-78 Fuchs; S. 80, 82 Harald Reiterer; S. 82 or Hager; S. 84-90 Singer; S. 87 Brinkhoff/Mögenburg/Ludwig Musical AG; S. 92-100 Raffaele Celentano; S. 102 DLR; S. 103, 104/105 Peter Thomann/Stern; S. 106-112 Jung; S. 116-120 Riedmiller; S. 122 Blickle/Bilderberg; S. 124 l Bongarts, r Christof Sonderegger; S. 126 Florian Werner/Look; S. 128 Walter Mayr/Focus; S. 135 Martin Siepmann/Mauritius; S. 138 Ol, ul Hans Jessel, or Roman Bezjak, ml Nicolas Cornet, mr Peter Rigaud, ur Christian Richters. **Alle Karten**: Computerkartographie Huber, München

VERMERKE

Wir danken Jocko und Harry Diewald für ihre Hilfe bei der Realisierung unseres Barock-Themas sowie Hans Rohrmann für seine kunstgeschichtliche Beratung.

IMPRESSUM

Gegründet 1948 im HOFFMANN UND CAMPE Verlag zu Hamburg

Herausgeber: Manfred Bissinger

Chefredakteur: Holger Schnitgerhans

Stellvertretende Chefredakteurin: Gesa Engelschall

Textchef: Otmar Jenner

Art Directorin: Andrea Hinrichs

Chef vom Dienst: Tibor M. Ridegh

Redakteure: Barbara Baumgartner, Siebo Heinken (techn. Koordination), Kathrin Sander, Helga Thiessen

Redakteurin dieses Heftes: Kathrin Sander

Redaktionsassistenz: Imke Edzard

Layout: Dorothee Schweizer (stellvertr. Art Directorin), Ingrid Koltermann, Cornelia Böhling, Katharina Holstein

Bildredaktion: Eva M. Ohms, Hanni Rapp

Karten und Schlussredaktion: Jasmin Wolf, Peter Münch

Verlagsleitung: Peter Rensmann

Herstellung: Heidrun Seven

Gesamt-Anzeigenleitung (verantw.): Roberto Sprengel

Anzeigenleitung: Christel Janssen

Anzeigenstruktur: Bernd Knospe

Vertriebsleitung: Jörg-Michael Westerkamp (Zeitschriftenhandel) Claudia Reitter (Buchhandel) Karsten Heyer (Objektmarketing)

MERIAN erscheint monatlich im JAHRESZEITEN-VERLAG GMBH, Poßmoorweg 5, 22301 Hamburg, Telefon 040/27 17-0, Fax 040/27 17-2056. Anschrift der Redaktion: Harvestehuder Weg 42, 20149 Hamburg, Postfach 13 04 44, 20139 Hamburg E-Mail: Redaktion@Merian.de · Telefon 0 40/ 4 41 88-0 · Telefax: 4 41 88-3 10 · Internet: www.merian.jalag.de· **Leserservice: Postfach 60 15 40, 22215 Hamburg, Telefon 01 80/5 11 01 10, Fax 0 40/27 17-20 79** · Gültige Anzeigenpreisliste: Nr. 37 · Das vorliegende Heft Juni 2000 ist die 6. Nummer des 53. Jahrgangs

· Preis im Abonnement monatlich 12,45 DM inkl. Zustellung frei Haus · Der Bezugspreis enthält 7 % Mehrwertsteuer · Kündigungen 6 Wochen zum Ende des Bezugsquartals · Postgirokonto Hamburg 299453-202 (BLZ 200 100 20) · Vereins- und Westbank AG, Hamburg, Konto-Nummer 2/16 739 (BLZ 200 300 00) · Führen in Lesemappen nur mit Genehmigung des Verlages · Printed in Germany · Litho: Alphabeta Druckformdienst GmbH, Hamburg. Druck und Verarbeitung: Christian Heckel GmbH, Nürnberg. **ISBN: 3-7742-6506-2**

MERIAN (USPS No. 011-458) is published monthly. The subscription price for the USA is $ 110 per annum. K.O.P.: German Language Publications, Inc., 153 South Dean Street, Englewood NJ 07631. Periodicals postage is paid at Englewood NJ 07631, and at additional mailing offices. Postmaster: send address changes to: MERIAN, German Language Publications, Inc., 153 South Dean Street, Englewood NJ 07631.

VORSCHAU PORTUGAL

Alentejo: Die einstige „Kornkammer" gilt Insidern als Toskana der iberischen Halbinsel

DIE THEMEN: Das Lächeln von Lissabon: Schriftsteller John Berger über das Gesicht der Metropole • Porto: Kulturhauptstadt 2001 • Ozeanographie: auf den Spuren alter Entdecker • Portwein: das Comeback der Legende • Musik: der neue Auftritt des Fado • Wandern: Grenzgänge auf Schmugglerpfaden • Coimbra: das Studium der Sehnsucht

Boomtown Lissabon: Tafeln mit Blick auf den Tejo

In der Algarve gibt es sie noch: Strände ohne Ende im wilden Westen

Baukunst: die Linie des Architekten Siza Vieira

Vieiras Universitäts-Bibliothek in Aveiro

Die zuletzt erschienenen Ausgaben

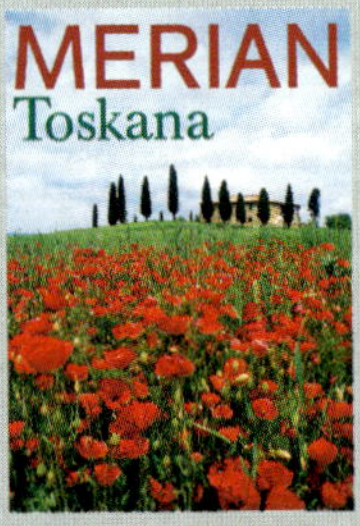

Die folgenden Ausgaben

Irland
Elsass
Kreta
Kuba
Südafrika
Steiermark
Japan
Paris